『赢在京东』系列电商教程

京东平台视觉营销

京东大学电商学院 著

电子工业出版社
Publishing House of Electronics Industry
北京·BEIJING

内 容 简 介

本书以解决电商运营过程中最紧要的问题——视觉营销为切入点，将与之相关的专业知识系统地梳理出来，通过与电商实战项目相结合的手法铺陈论述，做到以点带面，以面促点，点面结合，融会贯通。

全书共分为 7 个章节。第 1 章为视觉营销的概念，赋予读者以专业审美视角。第 2 章从设计角度出发详解营销要素，并提出视觉定位的概念。第 3 章讲解店铺运营规划，对多个营销方案抽丝剥茧，为市场调研指明方向。第 4 和第 5 章讲解视觉营销的实操过程，使读者一看就会，即学即用。第 6 章传授创意方法与技巧，并介绍了 H5 页面和 VR 趋势，便于读者应对未来挑战。第 7 章把前面 6 章分散的知识点集中到典型案例中分别讲解，让读者更能学会灵活运用书中知识，并且应用到实际工作中去。

本书可作为企业电商设计岗位培训教材或供运营推广人员参考借鉴，或者供电子商务相关从业人员参加进阶培训使用。

未经许可，不得以任何方式复制或抄袭本书之部分或全部内容。
版权所有，侵权必究。

图书在版编目（CIP）数据

京东平台视觉营销 / 京东大学电商学院著 . —北京：电子工业出版社，2018.1
"赢在京东"系列电商教程
ISBN 978-7-121-33198-5

Ⅰ . ①京… Ⅱ . ①京… Ⅲ . ①网络营销－教材 Ⅳ . ① F713.365.2

中国版本图书馆 CIP 数据核字 (2017) 第 303181 号

策划编辑：张慧敏
责任编辑：石　倩
印　　刷：北京富诚彩色印刷有限公司
装　　订：北京富诚彩色印刷有限公司
出版发行：电子工业出版社
　　　　　北京市海淀区万寿路 173 信箱　邮编：100036
开　　本：787×1092　1/16　印张：16.25　字数：369 千字
版　　次：2018 年 1 月第 1 版
印　　次：2021 年 2 月第 4 次印刷
印　　数：9001~10000 册　定价：79.00 元

凡所购买电子工业出版社图书有缺损问题，请向购买书店调换。若书店售缺，请与本社发行部联系，联系及邮购电话：（010）88254888，88258888。

质量投诉请发邮件至 zlts@phei.com.cn，盗版侵权举报请发邮件至 dbqq@phei.com.cn。
本书咨询联系方式：010-51260888-819，faq@phei.com.cn。

| 本书编委会 |

特邀顾问： 京东集团首席人力资源官兼法律总顾问　　　　　　隆　雨

　　　　　　京东集团首席技术官　　　　　　　　　　　　　　张　晨

　　　　　　京东物流集团首席执行官　　　　　　　　　　　　王振辉

　　　　　　京东集团副总裁　京东商城用户体验设计部负责人　刘　轶

总 策 划： 辛利军　李庆欣

执 行 策 划： 李　辑　沈才樱　施　蕾　郭　静

主　　编： 李向威　王　俊　化　翔

编委会成员： 贾　淼　胡　昕　杨晓娜　荣灌臻　曾洁仪　赵　晨　谭　灿
　　　　　　葛亮亮　蔡　潞　洪小如　李　冲　胡　瑶　鲁霄飞　金满铮
　　　　　　司必成

特别支持： 范　卉　李　琳　高　雷　吴　迪　贾晓辉　尚　娜　李鹏涛
　　　　　　刘博斯　何　超　杨钰洁　赵迅雷　杨海霞　宋　旸　徐诺娅
　　　　　　张凯宇　甄丽国　孙龙龙　王佳跃　安浩鹏　周　鑫　蔡　柳
　　　　　　宋　捷　张玉良　刘俊博　梁　静　葛亚婷　倪尉双　梅秋雨
　　　　　　王一帆　高源笛　李倩倩　冀汗男　高　天　孟繁溥　董家琦
　　　　　　贾小帅　林抒鸣　张　钊　李雪明　孙　雪　刘彩丽　赵　倩
　　　　　　韩　涛　董华荣　李　聪　文秀凤　王福昆　畅悦彤　周　歌
　　　　　　朱鹏飞　王　鑫　伍思琪　李朋辉　刘德明　韩艳红　任又洁
　　　　　　方　娜　李　忆

京东集团参与部门： 居家生活事业部　商城用户体验设计部　京东大学
　　　　　　　　　　图书文娱业务部　京东集团公关部

在此诚挚感谢所有为此书付出努力的京东同仁（排名不分先后）

·作者简介·

·李向威·
京东大学电商学院讲师、院校导师、《京东平台店铺运营从入门到精通》编委会成员、2016年度最佳支持讲师、京东与多地政府合作农村电商项目实战操盘手。其所在团队获得2016年度京东特殊贡献团队奖；擅长选品及品牌定位、众筹全案营销策划。

·王俊·
速麦电商创始人、京东大学电商学院认证讲师。担任多家企业电商营销顾问，涉及厨电、运动户外、服饰等类目；资深卖家，具有丰富的电商实战经验；擅长品牌规划、视觉营销、新媒体营销及爆款打造。

·化翔·
京东大学电商学院绿带讲师、洪海龙腾UED中心高级设计师。具有4年电商设计经历，主持并参与设计过母婴、乐器、运动户外、服饰家居、食品、化妆品、3C、家电等多种类目的店铺，其中母婴、运动户外、乐器类目的TOP店铺，年销售额破亿元；擅长店铺视觉规划、活动策划设计与Banner图设计。

·贾淼·
京东大学电商学院官方认证讲师、设计艺术学硕士、鑫一视觉创始人。擅长品牌视觉营销，通过创造差异化的视觉形象凸显品牌竞争优势；曾操盘包括家具、美妆、数码电子、建材、纸品、服装等多个类目的店铺，能更好地把握卖家需求及痛点，并有针对性地提供专业的解决方案。

·胡昕·
京东大学电商学院官方认证红带讲师、院校导师、京东农村电商生态中心特邀专家、《京东平台店铺运营从入门到精通》编委会成员。曾操盘过酒类、母婴、滋补保健、运动器材、女装等类目的店铺，擅长指导商家站外引流、直播视频等内容营销方式。

·杨晓哪·
现任颜印象策划总监、京东视觉讲师。从事电商视觉相关工作7年以上，先后在国内外品牌公司独立负责视觉营销策划系统作业；擅长品牌电商全线视觉定位、品牌差异化系统视觉诊断、视觉落地解决方案的构建与项目落地指导，服务过同仁堂、Balneaire、全日空、Kappa等知名品牌。

·荣灌臻·
京东大学电商学院红带讲师、中国电商精英会讲师团团长、聚成股份互联网+团队孵化总教练、中国国际电子商务中心"跨港通杯"中国电商讲师大赛三等奖、京东全国讲师大赛第二名、《京东平台店铺运营从入门到精通》主编。擅长店铺整体运营、爆款打造、店铺转化、数据诊断、店铺规划、活动策划、无线端运营等，有丰富的小类目和知名品牌的运营经验。

·曾洁仪·
京东大学电商学院兰带讲师、京东大学电商学院院校导师、《京东平台店铺运营从入门到精通》编委会成员。实操京东店铺6年，涵盖3C电子、服饰箱包、个护美妆和礼品箱包等多个重点类目，为多个类目TOP商家导师；擅长搜索优化、数据分析、爆款打造、店铺诊断，是视觉营销的倡导者。

·赵晨·
京东大学电商学院兰带讲师、京东优秀院校导师、京东平台3C数码类目培训顾问、《京东平台店铺运营从入门到精通》编委会成员。具有7年电商实操经验，前后操盘、指导年销售额过亿元店铺十余家；擅长视觉营销、数据分析、流量引入以及客户心理挖掘。

·鲁霄飞·
毕业于中央美术学院品牌设计专业，具有5年电商设计经验、10年品牌设计经验。曾任职百度、集美组（2010世博会中国馆设计）、韩家英设计、妙创意设计等多家公司或机构；曾负责京东男装类目TOP1店铺的整体视觉营销；在负责贝适宝儿童安全座椅品牌重塑时，上线京东众筹栏目，众筹金额500万元，并获得京东注资；擅长品牌设计、品牌重塑、视觉营销。

·金满铮·
京东大学电商学院官方兰带讲师、易观国际的签约智囊、北京金米饭科技有限公司创始人。已培训超过1万家电商企业负责人，服务过京东平台200多个产品的众筹项目。

·司必成·
京东大学电商学院院校导师，京东首届运营高手大赛亚军，中国首届电商讲师大赛全国十强。具有8年电商实战经验，擅长品牌差异化打造，辅导培训九阳集团、老板集团、联想西南公司、日本refa、飞利浦等多个知名品牌京东业务快速提升。

京东运营设计部未知素（谭灿、葛亮亮、蔡潞、洪小如、李冲、胡瑶）
　　未知素（京东运营设计部）是来自五湖四海的各种未知元素，拥有不同的能力、阅历、性格、兴趣，相聚在此只为一个共同的目标：提升用户体验，让用户尽享网购乐趣。团队从2011年成立至今，见证了中国电商行业的兴起，也经历了腾讯（原主要业务：QQ网购、拍拍等）到京东的变化，一直致力于关注多平台用户体验设计，从营销活动到类目频道、从效率到创意、从PC到APP，试图用独特的视角为用户提供最恰当的解决方案。

序言

京东集团副总裁 居家生活事业部总裁 辛利军

在京东从"零售商"向"服务全社会的零售基础设施服务商"转型的过程中,京东笃信"成本、效率、体验",谁的客户体验更好、谁的效率更高、谁的成本更优,谁就有持续的竞争力。消费者要购买的已不只是商品本身,他们开始关心品牌文化和精神诉求,商品卖点、品牌特征、企业形象等都是客户体验的冲击点。

京东大学电商学院在《京东平台店铺运营从入门到精通》的基础上继续推出《京东平台视觉营销》,为"'赢在京东'系列电商教程"之一。"'赢在京东'系列电商教程"旨在让平台商家们在竞争中求异,把商品的价值和效果最大化,通过凸显品牌之间的差异,提升销售和利润,建构好自己那块"独特"的积木,从而在零售生态和平台发展中获取无法取代的地位;同时,我们也希望能够解决中高等院校电子商务专业在教材和教育实践过程中遇到的问题,为其分享京东13年来在电商行业方面的知识储备和经验沉淀。《京东平台视觉营销》是全面讲解企业如何通过线上平台优化和传递商品卖点、品牌特征和企业形象的一本实操指引。

即将到来的"第四次零售革命"将极大改变整个零售行业的格局。在未来无界零售的环境中,消费者越来越追求个性化的产品和服务,零售的场景会越来越分散化、碎片化,对入口和流量变化的多样性要求会越来越高,零售与社交、内容、硬件、技术等行业相互渗透,线上与线下相互渗透,竞争与合作的规则变得更加复杂。这所有的一切,都将是对过去的零售模式和营销方式的颠覆与改变。在这样的变革之中,只有真正地洞察和满足消费者的需求,我们才能获得可持续发展。

在无界零售和无界营销的趋势下,视觉营销诉诸视觉表现的重要商品政策,更是商品在终端的演出计划,是在商品还没有上市前,我们就需要提前计划如何将商品最终呈现在顾客面前的视觉化营销系统。因此,了解用户群体,尝试主动帮助用户回避无益信息,给用户适合他们的文案和视觉展示方式,才能引起用户情感上的共鸣并带动消费行为。提升视觉体验是提升用户消费体验的重要环节,《京东平台视觉营销》贯穿了以用户体验为中心的核心理念,围绕用户剖析其心理脉络,围绕媒介搭建其场景交互,围绕智能技术创新其体验呈现,结合丰富的实践案例,给行业提供了大量视觉系统化思维与操作的范本。这本书既是京东视觉营销多年来的累积沉淀,也是对行业发展的回顾与前瞻。

未来,京东将不断提升自己通过零售基础设施赋能商家与各方合作伙伴的能力。这种赋能和开放,不仅仅包含技术、物流、数据、资源,也包含京东十多年来积累的零售经验和技能。希望本套图书为这些经验和技能的开放分享提供便捷的路径,令从业者有所收益。

前言

京东大学电商学院

京东大学电商学院是京东集团为了助力院校向电商行业输送具有岗位实操技能的院校毕业生，而设立的校企合作官方培训部门。通过不断传递京东品牌、品质、品商的理念，围绕"市场需求为导向，能力培养为中心"，结合前沿电商运作模式及热点业务群体、整合互动线上线下资源，与院校建立长期合作关系，实现优势互补、资源共享、互惠互利、共同发展。

京东大学电商学院所著《京东平台店铺运营从入门到精通》一书出版之后，深受电商运营人员的好评，一度跃居京东商城电商管理类书籍销量榜首。

此次，电商学院又集结十几位具有实操经验的京东讲师、行业专家，撰写了《京东平台视觉营销》一书。本书既从宏观视野解读视觉设计对现今电商营销的重要性，又从微观角度深入剖析视觉设计的要点，及其与电商结合后的营销痛点。全书案例丰富、内容翔实，以视觉营销为中心，提供上至电商视觉营销的立项实施建议，下至从业者在实际工作中经常遇到的实际问题之解决方法。

因此，可以从点、线、面三个维度来概括本书。

独立的知识点：视觉营销中涉及诸多知识点，例如，如何调用色彩特性、色彩对消费者心理的影响、文字在营销过程中起到的点睛作用、多种构图的选择与搭配等。书中剔除了目前市面上视觉营销类书籍中已经集中讲述过的知识，精选针对电商平台的知识要点进行铺陈讨论。

与实操相匹配的工作线：从视觉营销立项开始，全盘项目如何分解？推进顺序如何？怎样调配各岗位人员？如何明确人员之间的职责？如何做出与市场接轨的创意策划？您将在本书中找到所有答案。

面：电商视觉营销中的设计面、创意面、文案面，电商运营中的销售面、数据面、市场面，营销过程中的商品面、活动面，面面俱到。锚定电商视觉营销的定义与价值，帮助读者树立正确的视觉营销理念。

通览全书，横向有广度，纵向有深度，纵横结合，形成网状知识脉络。此书必将成为电商从业者手中不可多得的视觉营销宝典。

目录

第 1 章　什么是电商视觉营销　1

1.1　电商视觉营销的定义　/ 2
1.2　电商视觉营销的价值　/ 3
　　1.2.1　品牌价值　/ 3
　　1.2.2　数据价值　/ 5

第 2 章　视觉营销你需要什么　11

2.1　了解电商视觉呈现　/ 12
　　2.1.1　色彩的力量　/ 12
　　2.1.2　文字的影响　/ 17
　　2.1.3　构图的冲击　/ 21
2.2　电商运营思维　/ 32
　　2.2.1　何为电商运营思维　/ 32
　　2.2.2　世界的两极？运营与设计师　/ 32
　　2.2.3　To 运营：电商设计工作流程　/ 32
　　2.2.4　To 设计：电商运营思维　/ 33
2.3　掌握电商消费者心理　/ 37
　　2.3.1　电商消费者分析　/ 37
　　2.3.2　电商消费者购物诉求　/ 40
2.4　建立电商品牌营销理念　/ 44
　　2.4.1　品牌视觉符号　/ 45
　　2.4.2　品牌电商视觉体验　/ 47
　　2.4.3　影响受众自传播的品牌视觉力量　/ 50

第 3 章　　53

店铺视觉营销

3.1 市场分析 / 54
    3.1.1 市场调研 / 54
    3.1.2 结果定位 / 57

3.2 找到店铺视觉定位的四个关键点 / 58
    3.2.1 色彩是影响顾客心理的第一视觉印记 / 58
    3.2.2 视觉符号是唤起共鸣的绝佳工具 / 61
    3.2.3 字体是情绪传达的催化剂 / 66
    3.2.4 版式让你的店铺视觉深入人心 / 70

3.3 为店铺规划视觉设计标准 / 73
    3.3.1 店铺商品拍摄图的应用标准 / 73
    3.3.2 店铺 Logo 应用标准 / 76
    3.3.3 制定店铺色彩应用标准 / 76
    3.3.4 制定店铺字体应用标准 / 80
    3.3.5 店铺版式应用标准 / 81
    3.3.6 店铺符号应用标准 / 82
    3.3.7 店铺推广应用标准 / 84

3.4 店铺视觉在首页中的应用 / 84
    3.4.1 店铺视觉在 PC 端首页中的应用 / 84
    3.4.2 移动端页面构架运用逻辑 / 92

第 4 章　　97

商品视觉营销

4.1 商品卖点挖掘 / 98
    4.1.1 商品卖点挖掘的意义 / 98
    4.1.2 商品卖点挖掘侧重点 / 98

4.2 商品详情页视觉规划设计 / 102
    4.2.1 详情页的页面逻辑 / 102

4.2.2　基于详情页逻辑的走心文案　/ 105
　　　4.2.3　形成运营与设计的详情页沟通框架图　/ 115
　　　4.2.4　详情页设计的风格与素材准备　/ 117
　4.3　商品详情页的设计方法　/ 129
　　　4.3.1　用颜值诱惑他/她　/ 130
　　　4.3.2　用情感融化他/她　/ 135
　　　4.3.3　用细节征服他/她　/ 141
　　　4.3.4　用心留住他/她　/ 149
　4.4　移动端详情页设计应注意的要点　/ 154
　　　4.4.1　一屏一主题　/ 155
　　　4.4.2　商品更突出　/ 156
　　　4.4.3　排版要整齐　/ 157
　　　4.4.4　细节有质感　/ 158
　　　4.4.5　关联应简洁　/ 158
　4.5　商品主图的设计方法　/ 160
　　　4.5.1　商品主图的展示逻辑　/ 160
　　　4.5.2　提炼主图的视觉卖点　/ 161
　4.6　店内海报的设计方法　/ 163
　　　4.6.1　海报常用的类型　/ 163
　　　4.6.2　海报的设计方法　/ 165

第 5 章　　167

活动视觉营销

　5.1　确定活动目的　/ 168
　　　5.1.1　活动是拉新的重要手段之一　/ 168
　　　5.1.2　扩大品牌知名度　/ 168
　　　5.1.3　保持店铺动态更新　/ 168
　　　5.1.4　清理库存　/ 168
　5.2　打造活动氛围感　/ 169
　　　5.2.1　确定主题和风格　/ 169

  5.2.2　完善页面布局结构 / 175
  5.2.3　增强页面色彩感 / 182
  5.2.4　增加页面点缀物 / 189

5.3　营造活动紧迫感 / 190
  5.3.1　突出时间紧迫感 / 190
  5.3.2　出现在正确的时间里 / 191
  5.3.3　免费的礼物 / 192
  5.3.4　商品免邮 / 193

5.4　制作入口图 / 193

第 6 章　　　　　　　　　　　　　　　　　　195

视觉创意也有套路

6.1　看——发现灵感 / 196
  6.1.1　怎么看？关键词：找消费者的行为"路径" / 196
  6.1.2　看什么？关键词：看消费者的"关注点" / 197
  6.1.3　创意灵感的线上"云盘" / 198
  6.1.4　创意灵感的线下"隧道" / 198

6.2　找——挖掘共性 / 198
  6.2.1　找跨品类优秀案例 / 198
  6.2.2　找热点造话题为商品注入情感 / 200
  6.2.3　找与商品相关的事物或内容 / 202

6.3　做——静态方法 / 203
  6.3.1　事物拟人化 / 203
  6.3.2　热点聚焦化 / 204
  6.3.3　场景动漫化 / 205
  6.3.4　情感走心化 / 206

6.4　玩——动态形式 / 207
  6.4.1　京东平台内动图 / 207
  6.4.2　京东平台内视频 / 209
  6.4.3　京东平台内直播 / 211

6.4.4　电商平台内 H5 页面　/ 212
　　6.4.5　京东 VR 购物应用介绍　/ 213

第 7 章　　　　　　　　　　　　　　　　　　　　　215
用户体验至上

7.1　UED 及视觉表现原理　/ 216
　　7.1.1　什么是 UED　/ 216
　　7.1.2　视觉表现原理　/ 216
7.2　视觉体验——链接用户　/ 217
　　7.2.1　用户心智成熟带来的视觉诉求的升级　/ 217
　　7.2.2　知名品牌如何链接用户：跟着用户需求走　/ 217
　　7.2.3　链接用户三大路径　/ 220
7.3　视觉表现建立信息层级　/ 226
　　7.3.1　建立信息层级的意义　/ 227
　　7.3.2　如何建立信息层级　/ 228
7.4　视觉表现执行方法　/ 235
　　7.4.1　现实派　/ 235
　　7.4.2　重组法　/ 237
　　7.4.3　冲突法　/ 243

轻松注册成为博文视点社区用户（www.broadview.com.cn），扫码直达本书页面。

- **下载资源**：本书如提供示例代码及资源文件，均可在 **下载资源** 处下载。
- **提交勘误**：您对书中内容的修改意见可在 **提交勘误** 处提交，若被采纳，将获赠博文视点社区积分（在您购买电子书时，积分可用来抵扣相应金额）。
- **交流互动**：在页面下方 **读者评论** 处留下您的疑问或观点，与我们和其他读者一同学习交流。

页面入口：http://www.broadview.com.cn/33198

第 1 章
什么是电商视觉营销

1.1 电商视觉营销的定义

视觉营销即商家通过视觉冲击和审美视觉感观提高消费者（潜在的）兴趣，从而达到推广产品或服务的目的。它属于营销技术的一种方法，更是一种可视化的体验，简单地理解视觉营销就是通过一系列的可视化的信息促成产品或者服务交易的整个过程。

将视觉营销通过文字拆解可以理解为，"视"即眼睛看到的一切，"觉"即消费者接受的信息，"营"即营造氛围，"销"即促成产品或服务销售。如图1-1-1所示。

图 1-1-1

图1-1-1在"视"的环节有几个信息的传递，右侧为鲜红色的龙虾、左侧为蘸料中的龙虾，旁边有一副餐具，中间为文案信息，其中文案传递两个信息：一是产品信息；一是价格信息。

在"觉"的环节中让消费者能知道这是一个小龙虾的图片，右侧鲜艳的红色龙虾能让消费者垂涎欲滴；左侧的信息区域能将消费者带入一个仿佛在吃龙虾的桌子上；中间的文案又表明，小龙虾的种类有10种之多，而且强调作为一个吃货有10种必须吃的口味。

首先，整张图片在营造一种鲜美有食欲的氛围，巧妙地借助小龙虾本身红色的色调，非常容易抓住消费者的视觉；其次，左侧的场景带入使人仿佛身临其境，自己就是那个吃客一样；再次，中间文案信息引发消费者的好奇心，有10种作为吃货必须吃的龙虾，埋下伏笔，后面的产品有10种可选；最后，告诉消费者价格，第二件半价促成交易下单。

传统商业中视觉营销更多是在渠道选择上，比如电视广告、地铁广告、纸媒广告等。这些视觉广告宣传，让消费者看到之后不能第一时间立刻购买，更多是增加对此产品或者品牌的印象及了解。而电商中的视觉营销可以第一时间下单，促成交易。比如消费者在购物网站上看到一个优质的商品视觉图片，通过点击能直达产品的购买链接，下单购买。另外一个特点，电商产品信息的传递只能通过视觉，不能像线下传统商业通过触摸产品或者感受服务，因此视觉在电商中更加重要。

电商视觉营销是将商品的卖点、商品企划的信息、品牌信息，通过视觉系统传达给客户，来增加点击率、转化率，并提升品牌形象的整个系统过程。

1.2 电商视觉营销的价值

优秀的视觉营销不仅可以给店铺带来销售数据的倍增,而且可以让品牌潜力更具有价值,让品牌及企业在运作过程中事半功倍。

1.2.1 品牌价值

"品牌"是具有经济价值的无形资产,用抽象化的、特有的、能识别的心智概念来表现其差异性,从而在人们的意识当中占据一定位置的综合反映。以下用四个案例帮助大家理解视觉营销在品牌中的作用。

(1)视觉营销可以强化品牌的识别度,加深品牌在消费者脑海中的印象,如图1-2-1所示。

图 1-2-1

相信大多数电商从业者和网购消费者对这张图片并不陌生。虽然这张图上没有任何品牌信息,但这张图片已经足够让人立刻联想到三只松鼠这个品牌了。

(2)如图1-2-2所示,一个品牌一旦在视觉营销中建立自己的VI体系后,只要消费者看到相关的元素就能很容易联想到这个品牌,比如当我们看到这两个JOY素材时,第一时间就能想起京东。

图 1-2-2

（3）视觉营销中的一个点做到足够出彩，就可以迅速地让品牌在消费者中扩大传播，而且消费者会自发相互地去传播品牌信息。2017年母亲节前，百雀羚策划了"我的任务就是与时间作对"营销广告，其中很大一部分因素就是通过视觉营销完成的，而且在消费者中形成了巨大的传播浏览，再一次将百雀羚国货品牌推向了更多的消费者。坚果品牌在视觉营销方面做得别树一帜的当属三只松鼠，如图1-2-3所示。

图 1-2-3

当消费者进入到店铺中时，其绚丽的色彩加上松鼠形象的Logo让消费者过目不忘，觉得好玩有趣，看完之后还会给朋友转发，形成流量的二次衍生。

（4）视觉营销可以增加一个品牌在行业与消费者心目中的影响力，如图1-2-4所示，花笙记男装在中国风男装中的设计，不仅将传统的中国文化元素包含其中，而且结合现代时尚元素，让喜好中国风的消费者过目不忘，再次提起中国风男装时都会想起花笙记。

第1章　什么是电商视觉营销

图 1-2-4

1.2.2　数据价值

1. 提升点击率

互联网上的信息是海量的，任何一个购物平台上产品的售卖信息都是非常庞大的，作为商家来说，如何让自身产品能在海量信息中得到曝光与点击尤为重要，假如客户搜索一个关键词，出现在眼前的有 10 张图片信息，如何吸引消费者点击你的商品图片从而为店铺引入流量尤为关键，在提升点击率维度做出差异化的创新、创意尤为重要。

打破常规的创意可以有效地引起消费者的兴趣，常规内裤的展示大多数为直接平铺、假模展示、真人模特这三种类型。但是图 1-2-5 所示的虽然是真人模特展示，但是把内裤套在了鼻子上突出产品本身的透气性，立刻就吸引了消费者的眼球。让曝光展现变成点击从而进入店铺产生客流。

图 1-2-5

5

差异化的视觉设计也能有效提高图片的点击率，比如在做广告图时，女装一般都是实物展示或者女模展示的，如果换成如图 1-2-6 所示的有着个性化装束的模特展示，会跟其他产品形成明显的对比与差异，也能提高图片的点击率。

图 1-2-6

2. 提升转化率

视觉营销在店铺中的另外一个重要作用就是能提高产品的转化率，通过视觉的描述让消费者全方位了解产品信息，尽可能地打消各种顾虑，购买我们的产品，达成销售目的，其中有 3 点在提升转化率时尤为重要：

（1）痛点

消费者在日常使用产品时都会有各种各样的痛点，我们在视觉上能触动这个点就能让消费者产生进一步了解产品的心理，也能打破消费者与商家的信任壁垒，如图 1-2-7 所示，当下空气污染已经是直接影响到消费者日常生活的社会性问题，通过视觉的展现，把这些问题列举出来说明对消费者的危害，再表述产品的特性恰好能解决这些危害，能满足他们的需求。

第1章　什么是电商视觉营销

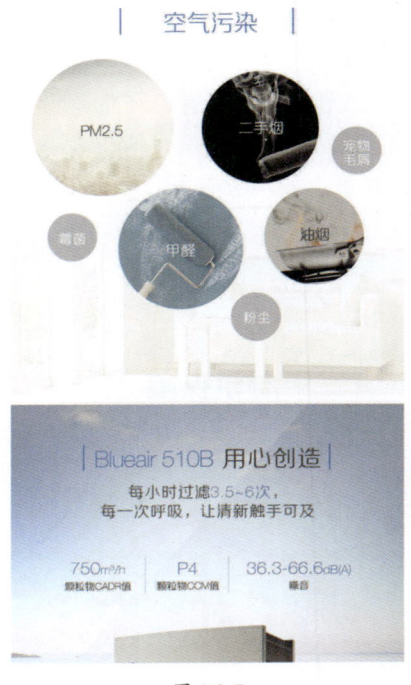

图 1-2-7

（2）幸福感

人都是有情绪的，在很多情况下，情绪对于人的行为影响是大于主观意识的。比如我们在浏览如图 1-2-8 所示的这款豆浆机时，本来是没有打算购买的，但是图片描绘出的家庭幸福感能让你想起自己的家人，而你购买豆浆机并不是为了一杯豆浆，而是为了家人的健康和幸福。

图 1-2-8

7

（3）打消顾虑

要提高页面的转化率，最大的问题就是要解决消费者的各种顾虑，食品类目可以放置一些食品质检报告，农产品可以放置无公害、有机产品等证明，如图 1-2-9 所示。消费者在购买品牌产品时担心会有假冒产品，担心产品是否是正品授权产品，而我们在视觉设计中能有效表达出我们产品的供货渠道，让消费者没有这种下单时的顾虑，自然能帮助提高转化率，如图 1-2-10 所示。

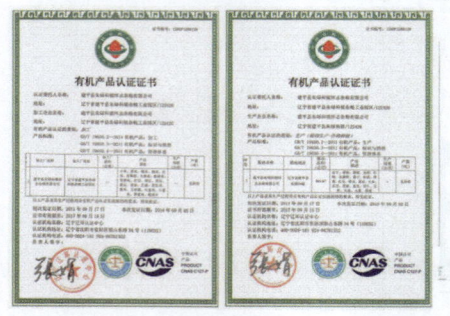

图 1-2-9

图 1-2-10

3. 打造流量闭环

优质的店铺视觉可以让消费者在店铺里形成有效的回流，让消费者能按照商家的引导在店铺里进行深度访问。消费者在店铺里多停留一秒钟，成交的几率就增加一点，只有先让客户停留在店铺里，才可能做出有效转化。就类似于超市的入口在二楼，那么出口一定

第1章　什么是电商视觉营销

在一楼。消费者要想走出超市，必须从二楼进入后逛了二楼再逛一楼，视觉营销就是可以打造我们线上店铺的这种购物路径。如图 1-2-11 所示，店铺首页有清晰的产品分类，能帮助消费者快速归类找到想要挑选的一类产品。

图 1-2-11

4．提高客单价

商家朋友在日常经营过程中经常会遇到的一个问题就是店铺客单价过低，导致同等流量同等转化的情况下店铺销售额低了很多，在视觉营销设计中也能有效帮助商家提高客单价。如图 1-2-12 所示，在单品详情页顶部增加成套、成系列、互补功能的产品，让客户一次购买多件商品能有效提高客单价。此款单品为女鞋，客户在购买了鞋子后，在关联版式中推荐上衣和打底裤等商品，配合店铺满减促销就可以有效提升店铺客单价。

图 1-2-12

9

京东平台视觉营销

　　电商视觉营销是利用色彩、图像、文字等造成冲击力吸引潜在顾客的关注,由此增加产品和店铺的吸引力,从而达到营销制胜的效果。视觉营销的作用是为了吸引更多的顾客关注,从而提升店铺的流量,并且刺激其购物欲望,使目标流量转变为有效流量。本章主要让大家了解电商视觉营销的基本概念以及其能为我们商家带来哪些价值。

第 2 章
视觉营销你需要什么

2.1 了解电商视觉呈现

心理学家通过对人们认知事物的感官进行分析得知：视觉对人的影响程度占比最高，达到83%，剩余的听觉、触觉、嗅觉与味觉加起来共占比17%，如图2-1-1所示。

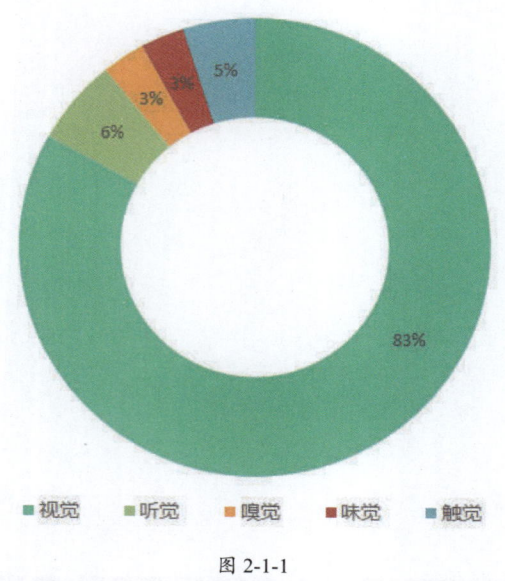

图 2-1-1

线下购物可以通过五感近距离接触来感受商品，但在线上购物，消费者只能够通过图片和文字描述间接地了解商品，不能通过触觉和嗅觉进行判断。所以对于电商行业来说，店铺的视觉在顾客心里占据了绝大部分比重。

优秀的商家会使用吸引人的图片和内容告知消费者应该需要什么，在商家这里能够得到什么。如果图片让消费者摇摆不定、漫无目的，或者给消费者太多选择，反而会赶走他们，不能促使消费者购买。又或者消费者花了很长时间才能在店铺中找到他们需要的产品，他们很可能将不会再次光顾店铺。

本章将会从色彩、文字与构图三个方面为读者解析在电商环境中，视觉应当如何进行呈现。

2.1.1 色彩的力量

为了让消费者一见钟情，色彩感觉是很重要的。在此有必要解释色彩和颜色这两个词，虽然都带有"色"字，但还是有一定的区别：颜色更多指的是"色"本身，而色彩更多指的是"色"带给人的感受。举个例子，比如看到一棵树，从颜色上来说，我们知道树叶是绿色的，但从色彩上来说，会觉得葱葱郁郁的树给人一种生机勃勃的感觉，这就是两者的区别。不同的思维感受给人的神经系统的刺激是不一样的，这也是"色"的魅力所在。

在现实生活中，会把颜色和色彩混着使用，为了方便读者理解，后面出现"色彩"与"颜色"时暂取同义。

1. 电商色彩营销的重要性

所谓色彩营销，就是要建立在了解和分析消费者心理的基础之上（消费者心理后面章节会讲到）。首先需要对商品恰当定位，然后对商品本身、商品包装以及店铺首页和商品详情页设计等配以恰当的色彩，突出页面情感化，成为与消费者沟通的桥梁，实现"心理—色彩—商品"的统一，将商品的思想传达给消费者，提高营销的效果，从而减少店铺运营成本。线上购物时消费者无法体验触感和嗅感，所以更需要使用色彩搭配和视觉冲击力去吸引消费者的注意。

了解了色彩营销的重要性，下面再对色彩进行进一步的了解。

2. 色彩的特性

色彩（颜色）是通过眼、脑和生活经验所产生的一种对光的视觉效应。人对颜色的感觉不仅由光的物理性质所决定，也会受到周围事物的影响。想要了解色彩的力量就要先了解色彩的三个重要特性：色相、明度和纯度（饱和度）。

第一特性：色相

所谓色相，是指能够比较确切地表示某种颜色色别的名称，如红、橘红、橄榄绿、湖蓝、群青等。色相是区分色彩的主要依据，能够比较确切地表示某种颜色的名称，是色彩的最大特性。

如图 2-1-2 所示，色彩本身并无冷暖的温度差别，人们对色彩冷暖的感觉是视觉色彩给人的心理联想造成的。不同的色相会给人传递不同的色彩感受，根据人们对于色彩的主观感受，可以将颜色分为暖色、冷色和中性色。

图 2-1-2

人们在看到红、红橙、橙、黄橙、红紫等颜色后，马上会联想到太阳、火焰、热血等物体，产生温暖、热烈、危险等感觉，故称之为"暖色"；看到蓝、蓝紫、蓝绿等颜色后，则很易联想到太空、冰雪、海洋等物体，产生寒冷、理智、平静等感觉，故称之为"冷色"；绿色、紫色、黄绿、蓝、蓝绿等颜色，则易使人联想到草、树等植物，产生青春、生命、和平等感觉；

紫色易使人联想到花卉、水晶等稀贵物品，故易产生高贵、神秘的感觉，而这种没有明显冷暖倾向的颜色则称之为"中性色"。

如图 2-1-3 所示，按色相情况来分析，右侧红黄色为暖色，左侧蓝紫色为冷色，但为了保证整体视觉和谐，设计师应学会进行相应的调整。即为了烘托促销氛围，在冷色里会稍微加一些红紫色，这样的目的就是使画面整体和谐，达到视觉的平衡效果，又不失促销感。所以，当页面中出现大面积暖色时，可以使用冷色作为调和，反之，当出现大面积冷色时，可以使用暖色作为调和。

图 2-1-3

人们对色彩的感受不仅受色相的影响，下面提到的明度和纯度（饱和度），也会对色彩感受产生影响。

第二特性：明度

明度是指色彩的明亮程度，即有色物体由于反射光量的区别而产生颜色的明暗强弱。通俗地讲，如图 2-1-4 所示，在红色里添加的白色越多则越明亮，添加的黑色越多则越暗。

图 2-1-4

第2章 视觉营销你需要什么

色彩的明亮程度会影响眼球对于色彩轻重的判断，比如看到同样重量的物体，黑色或者暗色系的物体会使人感觉偏重，白色或者亮色系的物体会使人感觉较轻。如图 2-1-5 所示。

图 2-1-5

明度高的色彩会使人联想到蓝天、白云、彩霞、棉花、羊毛及许多花卉等，产生轻柔、飘浮、上升、敏捷、灵活的感觉，明度低的色彩易使人联想到钢铁、大理石等物品，产生沉重、稳定、降落等感觉。

第三特性：纯度（饱和度）

色彩的纯度（饱和度）是指色彩的纯净或者鲜艳程度（后面统称为饱和度）。饱和度越高，代表颜色越鲜艳，有很强的视觉冲击力。饱和度高低取决于该色中含色成分和消色成分（灰色）的比例。含色成分越高，饱和度越大；消色成分越高，饱和度越小，如图 2-1-6 所示。

纯度（饱和度）

图 2-1-6

由于消色颜色（灰色）的不断加入，最终会变成灰色。

纯度高、明度高、对比度高、色彩丰富的颜色会使人感觉华丽、辉煌，纯度低、明度低、单纯、弱对比的色彩会使人感觉质朴、古雅。针对电商行业而言，高饱和度海报会给人以热情、活力、健康、刺激、年轻的感觉，而且视觉冲击非常直接有效，与电商受众人群匹配，因此是电商视觉设计中最为常见的一种手法。如上所述，饱和度的恰当使用，是色彩力量的重要来源，如图 2-1-7 所示。

图 2-1-7

在这两张海报中，使用了高饱和度的红色和橙色，具有强烈的视觉冲击力和促销感，为了整体和谐，也会加入一些饱和度偏低的橙色和红色作为点缀，这种色彩搭配常见于各种节日类的促销型页面中。

没有不好看的颜色，只有不好看的搭配（关于色彩搭配的问题会在后面章节讲到），色彩不仅要具有冲击力，还要在美观的基础上，使整体页面和谐。

了解色彩的三种特性之后，就可以根据店铺对应的产品，在合适的背景下，进行色彩的选择。也可以根据色彩感受将它们整理成适合自己产品的配色表格，比如：柔和、华丽、稳重、古典和运动感等，方便以后配色使用（在 3.3 节为店铺规划视觉标准中也会有详细描述）。如图 2-1-8 所示。

第2章 视觉营销你需要什么

图 2-1-8

2.1.2 文字的影响

　　文字是现实生活中必不可少的东西，读书看报、与人沟通交流，包括微信聊天等，都需要使用文字。在电商设计中，对于文字的使用是十分重要的。既要根据消费者浏览习惯安排文字的排列，又要在兼顾 PC 端和无线端应用时保证文字的可读性。所以，文字使用恰当与否，是销售商品的前提。合理地使用文字，有利于有效地传递给消费者店铺的利益点或者向消费者生动地描述店铺的商品。

在电商视觉中，文字基本上有以下三种作用。

1. 强调作用

在阅读任何媒介上的文章时，都会看到主标题，有的还会配有副标题。标题是快速传递大篇幅文字内容的方式，一般情况下都会比正文内容的字号大很多，起到一定的强调作用。在电商设计中，利益点会以标题的形式出现在首页或者详情页中，常使用对比的方法来突出想要强调的内容。

主标题作为主要的文案信息，进行字体放大加粗处理。副标题作为辅助性信息，进行相应的解释说明，不能超过主标题字号大小，字体也可与主标题稍作区别，如图2-1-9所示。

图 2-1-9

"中国品牌盛典"和"活色生鲜节"是主标题，"百大中国品牌共聚京东"和满减信息为副标题，在标题处使用对比的手法，可以起到强调主标题的作用，突出利益点或者活动的主题。

鉴于在制作主标题时会遇到字体使用及字体版权的问题，需要提醒读者以下两点：

一是在选择主标题字体时，尽量不要使用识别度较低、特异性的字体，以免影响消费者了解活动的利益点或者活动主题。

二是在《版权法》的强力实施下，字体的选择需慎重，而使用免费字体不会导致版权纠纷。

如需使用付费字体，须向相关字体公司购买字体版权，减少不必要的字体侵权麻烦。

2. 描述作用

在商品详情页设计中，经常会出现对于商品描述性的文字，这部分文字有的是介绍商品卖点，有的是描述商品功能，有的是介绍产品参数和品牌故事，这些都是描述性的文字。这时文字就起到描述的作用，只要选择合适、可读性高的字体和字号就可以，方便消费者在购买商品时了解商品的卖点、属性等基本信息。

PC端详情页中使用的描述性文字如图2-1-10和图2-1-11所示。

图2-1-10

图2-1-11

京东平台视觉营销

随着移动互联网的发展,无线端成交订单占比越来越高。相比于 PC 端显示器,手机屏幕太小,因此对于产品细致性描述的文字可以在无线端详情页中酌情删减,去掉对商品卖点描述不重要的文字,这样可以保留有用的、精炼的文字呈现给消费者。毕竟,在无线端购物,消费者不会仔细看小字部分到底写的是什么内容(PC 端和无线端的区别会在 4.4 节讲解)。

3. 装饰作用

在详情页设计中,会出现这么一种文字:它使用频率很高,一般会分为中文和英文两种形式;基本上会出现在主标题的下方,也可以出现在角落处。这部分文字起到的作用就是装饰作用,用于点缀、弥补空白、提高商品质感等。如图 2-1-12 和图 2-1-13 所示。

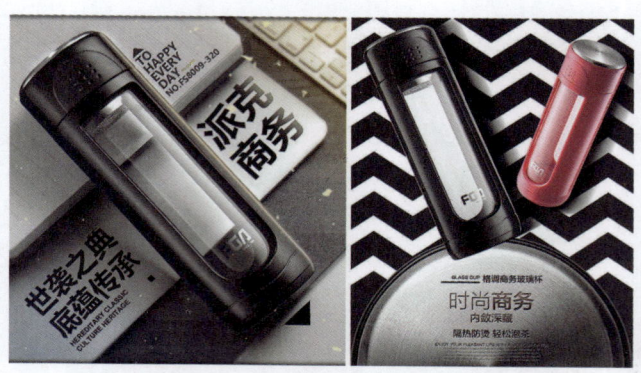

图 2-1-12

图 2-1-13

很多设计师喜欢用英文做些装饰效果或者翻译（见图2-1-14），这种情况最好使用大写字母，而不要使用小写字母。小写字母有高有低，一行文字看上去很不规整，凹凸不平，很容易干扰视觉，大写字母高度相同就会减少这种视觉上的冲突。且统一使用大写字母，视觉感会更加和谐，更适合出现在需要它点缀的角落。

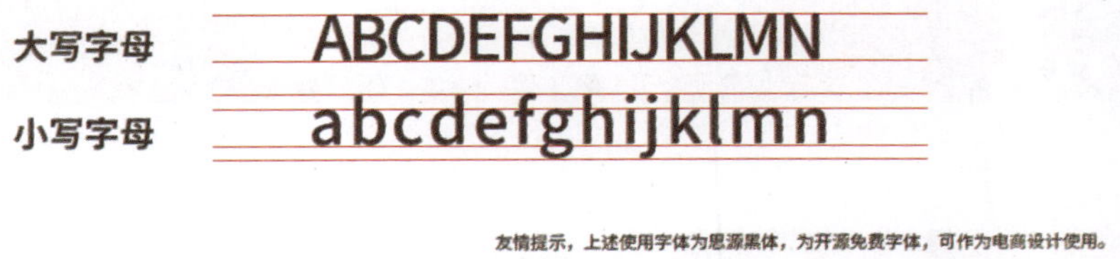

大写字母 ABCDEFGHIJKLMN
小写字母 abcdefghijklmn

友情提示，上述使用字体为思源黑体，为开源免费字体，可作为电商设计使用。

图 2-1-14

2.1.3 构图的冲击

构图是设计师从混乱的视觉元素中找到符合商品展示属性的逻辑，会出现在随手可见的设计中，甚至也包括在电影院放映的电影中。

好的构图可以帮助电影营造恰当的气氛，提高观影效果，不会觉得突兀。在电商设计中，合理的构图能够帮助消费者在各个元素或者产品之间建立某种联系，使消费者快速地找到页面中想要的东西，也可以帮助店铺营造气氛。

下面将介绍设计师常用的几种构图方式：

1. 平衡式构图（对比图）

在页面设计中，平衡感是很重要的，一般情况下，为保证页面平衡，基本会使用左图右文、左文右图、上文下图等构图方式，以使页面整体的轻重感保持一致。

举例说明，如图2-1-15所示，由于主题文字是放在海报中间位置，为保证整体画面的平衡感，设计师会在左右两侧分别加入装饰性的素材与商品，保证左右内容平衡，从而达到页面视觉平衡。如图2-1-16所示，文字部分出现在页面上方，为保证整体页面平衡，会选择在下面添加产品，左右两侧可以添加一些装饰的元素，无须过多，观感上相等即可。还有就是左右构图，也是一种维持画面平衡的方式，这种比较常见，就不过多赘述。

"平衡感只是相对平衡"，如果完全按照"重量"来配比文字，会让画面显得机械和呆板，画面的灵性也会被束缚，同时，最重要的层次关系也会因为重量的完全相等而无法分清。

图 2-1-15

图 2-1-16

2. 韵律式构图（对比图）

在构图中，不仅平衡感很重要，页面整体的韵律感也是很重要的。与音乐中的韵律相似，电商设计也需要节拍、节奏以及各种元素的组合，整合后形成统一的、连贯的、舒适的整体页面。

设计元素形态上讲究点、线、面、体的规律性变化，结构形式上讲究疏密、大小、曲直等，这就如同音乐中的节奏韵律，赋予了页面活力和生命，使它有了灵魂，也带给消费者更美妙的体验。在设置商品排布时也需要注意节奏感，不要使商品排列太过紧密，要结构疏松有序，如图 2-1-17 和图 2-1-18 所示。

第2章 视觉营销你需要什么

图 2-1-17　　　　　　　　　图 2-1-18

3. 非常规式构图

非常规式构图，其实就是区别于平衡式构图和韵律式构图的构图方法。在电商设计这种结合多种设计门类的环境中，新颖的构图方式也可以吸引消费者的目光。下面将介绍几种常见的非常规式构图。

（1）切割

简单的三角形、正方形、长方形和圆形甚至几根线条就可以组成很多有趣的图形，也很符合现代审美需求，适当的画面切割能够给页面带来动感与节奏感。加入几根线条，几个块面就能令页面起到意想不到的效果。设计时需要注意的是素材不宜太过复杂和花哨，一般以纯色大块搭配渐变，主要突出形状和区块。

切割形式一般有简单切割、对称切割、组合切割、多重切割几种。

简单切割，如图 2-1-19 所示，即用一个形状或者素材切分整个页面，画面瞬时变得有趣生动起来，内容区域也能得到有效划分。这类构图方式对内容没有过多要求，可随意安排，具体排版可根据内容来处理，也是现在活动页面用得最普遍的一种构图方式。案例如图 2-1-20 和图 2-1-21 所示。

对称切割，如图 2-1-22 所示，这种构图方式的前提一般是主要内容分为两部分，并且这两部分是对立关系的情况下，比如对战、男女、冷热等，页面一分为二，内容划分明确也更加具有视觉冲击力。案例如图 2-1-23 和图 2-1-24 所示。

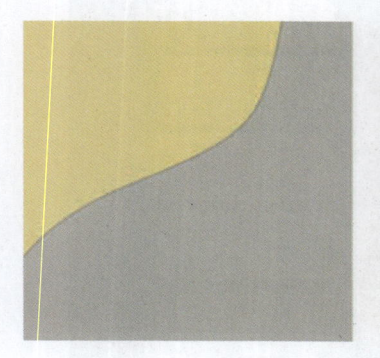

图 2-1-19

第2章 视觉营销你需要什么

图 2-1-20　　　　　　　　　图 2-1-21

25

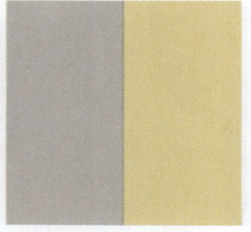

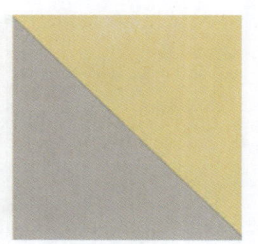

图 2-1-22

图 2-1-23　　　　　　图 2-1-24

　　组合切割，如图 2-1-25 所示，集中而规律的排列，从整体上抓住人们的视觉。这种构图方式适合每个区块中的内容属于平级关系的专题，例如示例中的几个功能点和分类，都是属于同一级的内容，所占的比例也相同，用这种组合的排列能够保持各内容的关系，也能让布局更有创意。案例如图 2-1-26 和 2-1-27 所示。

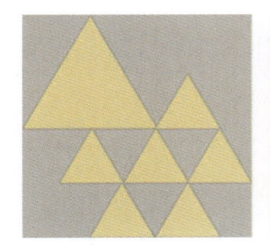

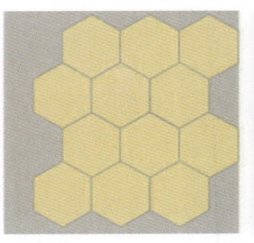

图 2-1-25

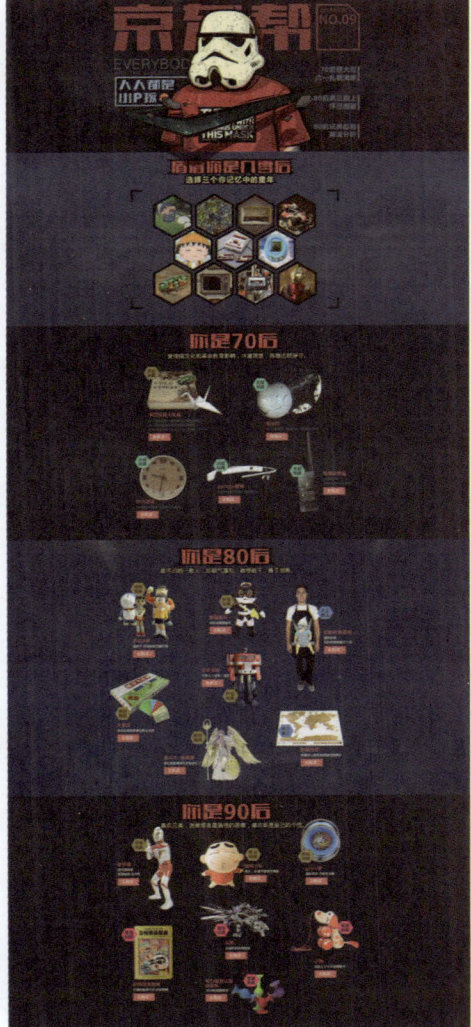

图 2-1-26　　　　　　图 2-1-27

京东平台视觉营销

多重切割，如图 2-1-28 所示，不规则的构图，稳定而锐利、干净的排版，易于识别，避免了画面生硬，不易产生审美疲劳。不同的形状和排列，呈现出来的视觉效果也不一样。这种构图方式使用最多的一般是为了体现时尚感、科技感与锋利感觉的主题。案例如图 2-1-29 和 2-1-30 所示。

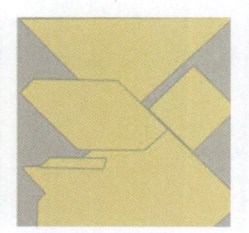

图 2-1-28 多重切割

图 2-1-29　　　图 2-1-30

（2）主体轮廓

如果感觉活动页没有新意，想要更与众不同，不妨采用主体轮廓，即根据活动的主要内容，选择一种拟形化的产品，诸如红包、灯泡等，从整体上构建一个边界或外形线，形成一个大的轮廓，将活动内容巧妙地填充进去（活动页制作的内容请参见第 5 章）。这种处理方式能够让消费者一眼就了解到活动主要信息，符合活动主题，并且能够让页面更有设计感，生动且活泼。需要提醒的是，在设计过程中形状尽量轮廓化，加以强调突出，主体不需要太具象，舍弃一些烦琐的、次要的元素，以免影响消费者识别内容。如图 2-1-31 和图 2-1-32 所示。

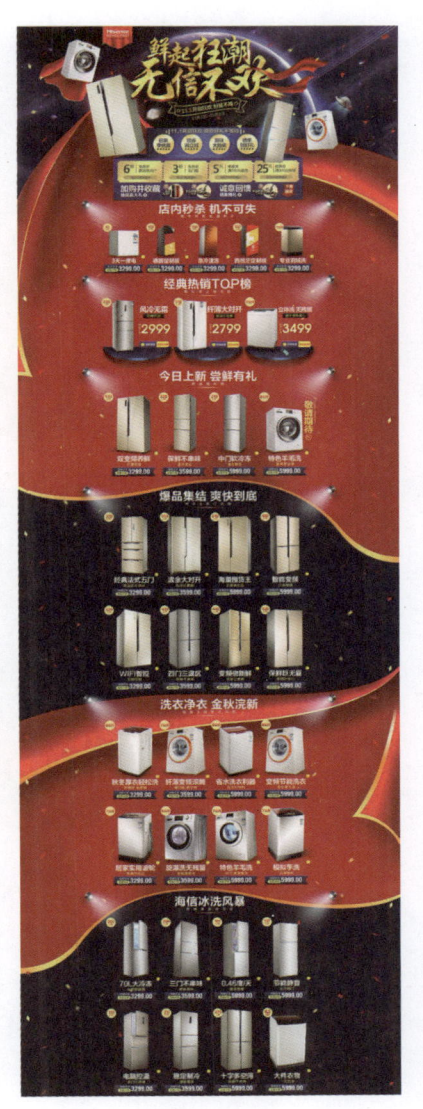

图 2-1-31

图 2-1-32

（3）流程图

　　类似树杈结构，以流程图的方式展示产品，这种构图方式能够将步骤、关系各个节点以及整体流向展示清楚，配合图片展示，一个枯燥的流程瞬间变得个性十足，消费者浏览起来简单明了，并且充满了趣味性。如图 2-1-33 和图 2-1-34 所示。

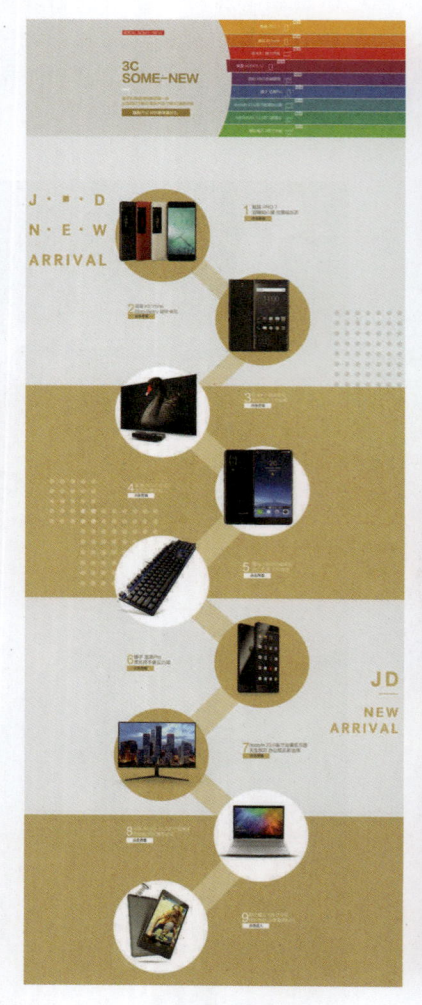

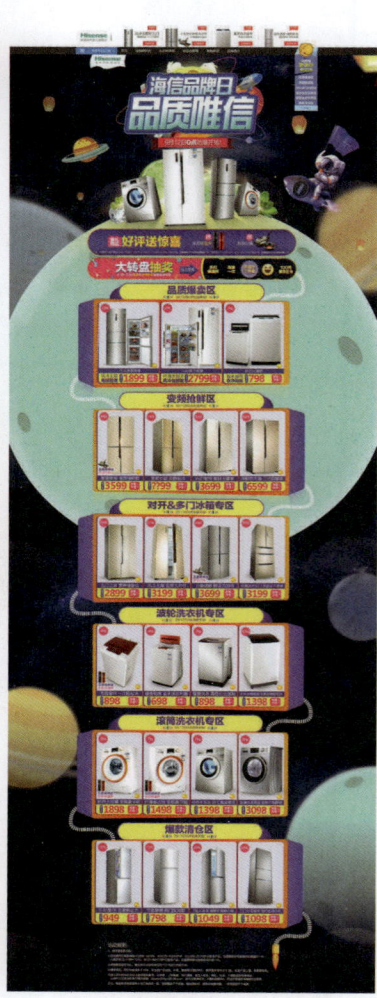

图 2-1-33　　　　　　　　　　图 2-1-34

（4）留白

　　设计中的留白区域不局限于白色，留白的"白"指的不是颜色的"白"，而是空白的"白"，留白区域指的是某一区域无额外元素，无装饰，处于空白的状态。留白能够把页面和视觉中心集中在某一个点上，更好地突出商品和文字信息。如图 2-1-35 所示为未留白海报，文字描述、产品占满了整个画面；如图 2-1-36 所示是使用留白的方式设计的海报，只保留促销点和基本信息，其他信息不需要出现在图片中。

第2章 视觉营销你需要什么

图 2-1-35

图 2-1-36

在图 2-1-37 和 2-1-38 中，页面采取的就是留白处理的方式，这样使得整体页面简约，能够提高商品格调，达到突出商品本身和文字信息的目的。

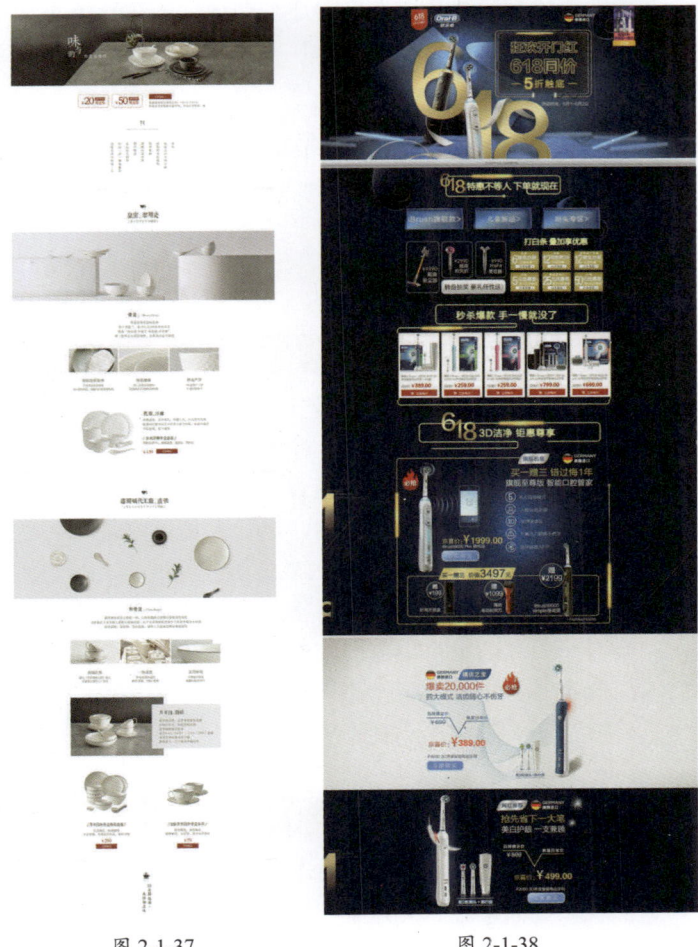

图 2-1-37

图 2-1-38

31

本节通过对色彩的力量、文字的影响和构图的冲击这三个方面的介绍，使读者能了解在电商环境下，如何进行视觉呈现。但是做好一个店铺，单纯的视觉呈现是远远不够的，还需要结合电商运营思维来进行符合消费者需求的设计。

2.2 电商运营思维

2.2.1 何为电商运营思维

谈及运营思维，有人说广义上就是拉新、促活、留存。

也有人说要懂行业和市场，对内要协调公司各个相关部门保证店铺顺畅经营，对外要善于和供应商、平台对接沟通，更要熟悉产品，懂得消费者心理，善于进行数据分析，能够进行活动策划执行，为营销推广效果负责等。

也有人试图从电商行业的"黄金公式"来阐述，即运营的工作离不开销售额的三个影响因素：流量、转化率、客单价，运营的全部工作都需要围绕如何提高公式中这三个因子的值，以达到将销售额最大化的目的。

以上说法可谓是各执一词，但无论如何，电子商务作为一种商业形式的本质不会改变，运营这个广义上的行为，其自始至终围绕消费者对产品的干涉，最终都要为销售额负责。在电商团队中，运营岗位更多是站在店铺的角度负责把关各项销售数据，而设计师以店铺的视觉呈现工作为主。

2.2.2 世界的两极？运营与设计师

"世界的颜值，由设计师决定"，不难理解设计师的眼光更多是从美学的角度出发，而运营在通常的理解上是一个销售岗位，更多是从销售结果出发考虑问题。在日常的工作中，运营和设计师经常无法沟通到一个点，有人甚至戏谑说这两个岗位就像世界的两极，究其原因就是设计师更多是站在设计美学的角度作图，运营人员更多是站在商业销售的角度看图。要破解这个看似无解的难题，其实就是要求双方换位思考，对于工作中的相同部分，如对于店铺或品牌调性的定位、单品的定位、对于产品的理解和卖点提炼，对于消费人群的认识等，应该在充分沟通的基础上得出方向上的共识。对于因专业知识差异造成的理解偏差，双方应对双方岗位的专业知识、工作流程有基本的理解和认识。要充分认识到运营人员和设计师虽分工不同，但殊途同归，都要为结果负责。

2.2.3 To 运营：电商设计工作流程

运营应了解与之配合的设计师，了解不同的作品从立项到视觉输出的工作时间，例如一个新产品的详情页需要 2~3 天，一张入口图需要 0.5~1 小时，一张轮播 Banner 需要 3~4

小时等，以使双方对作品交付的工期都有一个清晰的认识；设计作品的需求背景分析、用户调研对设计方向等也非常有帮助，因此在项目策划、产品的市场分析、行业定位、产品卖点挖掘和痛点梳理等环节就需要设计师参与其中，确保设计师对产品充分理解，避免作品设计方向出现重大偏差造成返工；在双方对作品设计的大方向、关键要求和基本原则做出充分沟通后，运营应尽量避免在交付日期前对设计师的作品做出临时修改指示，待设计作品成型后双方再做出进一步沟通，但设计师如果对产品的卖点、产品的定位、消费人群等出现疑问，应及时与运营沟通。

2.2.4 To 设计：电商运营思维

设计师要具有运营思维，就要从营销的角度去看待电商视觉设计，充分理解美观的视觉不等于良好的营销效果，或者说美观的视觉不完全等同于营销效果，电商视觉作品的目的是为营销。换言之，优秀的艺术作品不仅有美的形式，更加要注重作品本身的"能量密度"所传达出来的力量，这种力量才是作品的价值所在——传达信息并促成销售。

电商设计师不仅要熟练运用行业常用的如 Photoshop、Dreamweaver、Illustrator 及时下热门的 C4D 等软件，掌握一定的手绘技能及 Html、CSS 在电商行业中的应用，还要了解电商平台运营的基本流程，能够独立负责店铺装修事宜。当然，"站在巨人的肩膀上，才会眺望得更远"，对于行业 TOP 品牌、竞品品牌、国内外大品牌的视觉设计理念的学习交流也是非常必要的。

如果说以上所掌握的知识和能力是为了将视觉作品更好地呈现出来，那么对于视觉作品的背景需求分析、产品的市场调查和消费者分析等，最终对于产品的卖点、痛点、痒点的提炼，洞察作品要触达的人群，从而将产品的特点充分呈现给消费者，才真正占据了视觉设计的大部分工作量，做到这些才可以保证将商品信息尽可能地触达客户，迎合大多数消费者的审美观点，保证视觉呈现的营销效果。

在此举例 2016 年京东"618 品质狂欢节"Logo 设计策略，供读者更好地理解电商视觉作品设计中的电商运营思维。

2016 年，京东 618 店庆节日全面升级，在延续以往狂欢趴的基础上，结合品质购物的消费升级及促销节日 IP 化的趋势重新定义为：618，品质狂欢节。

设计团队在项目策划环节即参与到其中，首先客观调研分析其项目背景，梳理品牌发展线索，制定设计定位和目标。

（1）项目需求背景分析：2016 年 618 周年店庆，活动定位为京东最大的节日，同时 618 年中购物节在消费者中也已深入人心，成为全民电商购物狂欢节日，加之京东商城新广告语"只为品质生活"于 2015 年 12 月提出，因此从以上背景分析中提取出热闹、狂欢、全民、品质等关键词，对设计作品做出了初步的定位。如图 2-2-1 所示。

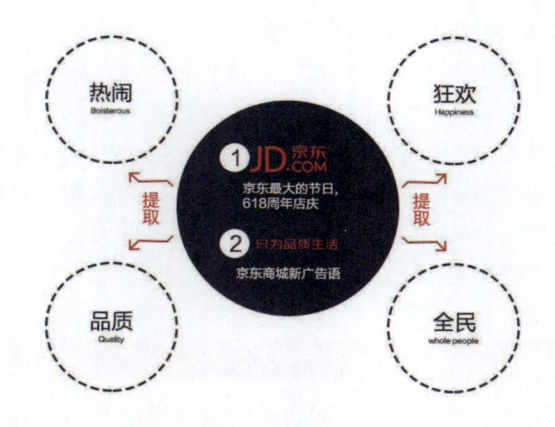

图 2-2-1

（2）用户调研：在分析项目的背景需求后，对设计作品面向的用户群体即受众需要有一个清晰的认识，如受众对于视觉风格的偏好、表现形式，以获得更易于受众接受的设计风格。对京东用户群体进行数据分析后，得出主流用户群体为 20~35 岁年轻用户，男女性别比例为 55∶45，因此在颜色、形式表现等方面针对用户调研结果有所侧重。如图 2-2-2 所示。

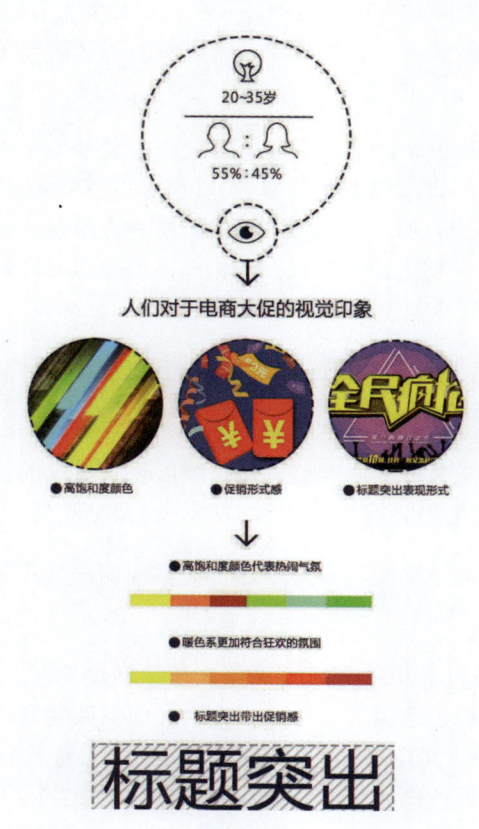

图 2-2-2

（3）设计趋势：在设计上也得关注当下行业内外品牌设计表现发展趋势，追求全新的设计定位，力求在设计元素风格传达方面更符合现有趋势。如图 2-2-3 所示。

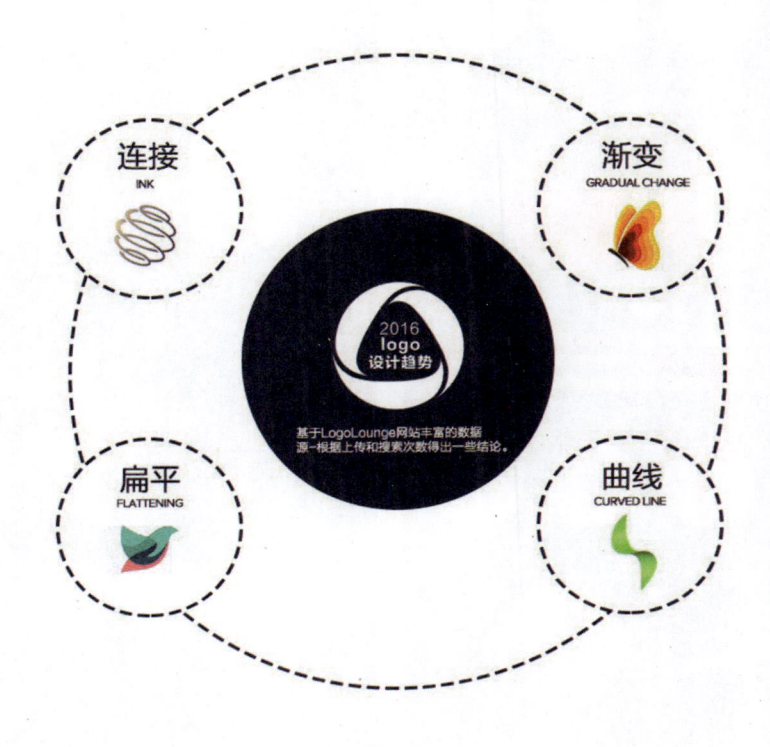

图 2-2-3

（4）视觉呈现：通过形、色、质感三大维度，结合京东本身固有的企业文化形象、VIS 体系，最终定位其 Logo 表达。如图 2-2-4 和图 2-2-5 所示。

（5）呈现效果如图 2-2-6 所示。

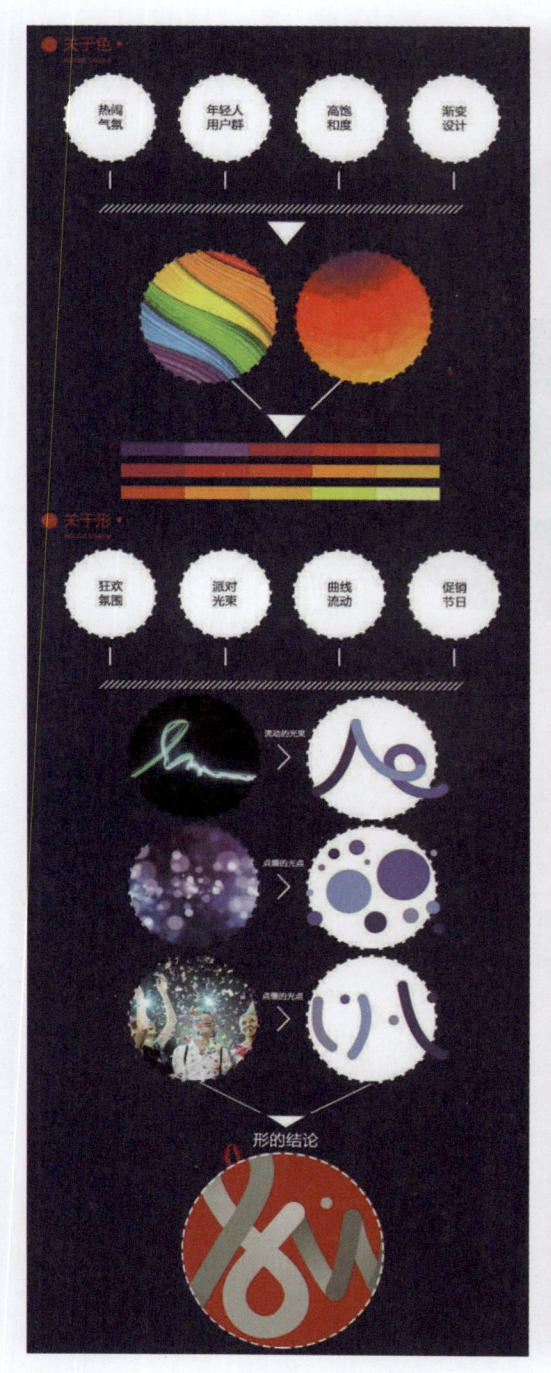

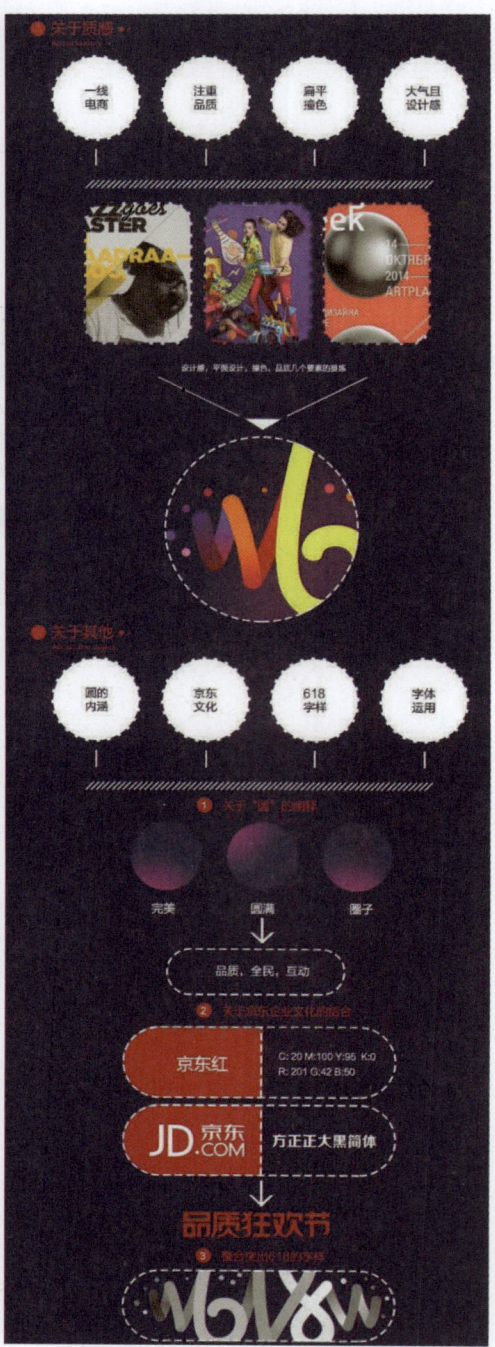

图 2-2-4

图 2-2-5

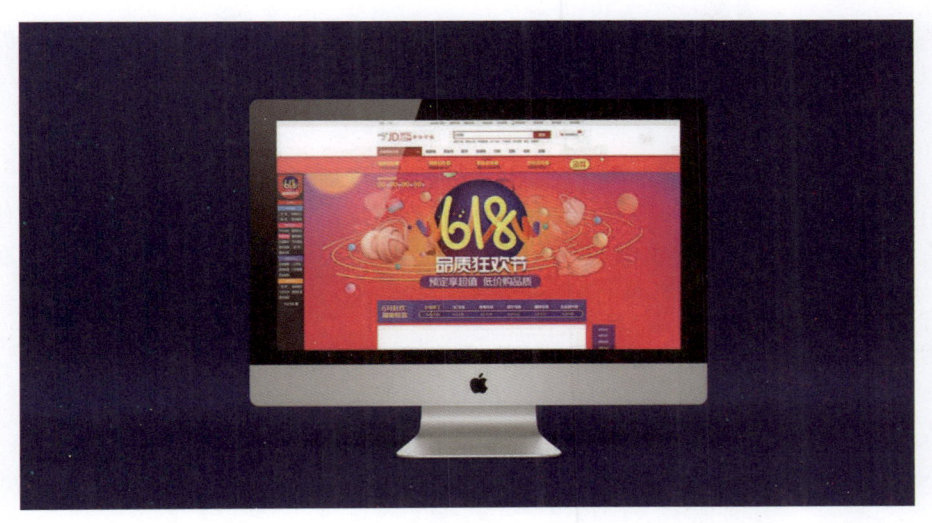

图 2-2-6

2.3 掌握电商消费者心理

在网络购物刚刚兴起的那个阶段，多数消费者选择网上购物是因为这种购物方式比较简单方便。在现代社会高速的生活节奏中，上街购物已经成为许多快节奏城市人的奢望，这种办公室购物方式极大地弥补了都市人购物的欲望与需求，消费者在享受快递送货上门的优质服务的同时，也满足了享受服务的心理需求，还节省了大量的时间。当然，低廉的价格也是吸引消费者进行网络购物的一个重要因素。

与此同时，无线技术的发展让网购变得更加多样化、便捷化、娱乐化、趣味化，作为国内最重要的电商平台之一，京东丰富多样化的无线端入口为消费者带来了更多更好的网购选择与体验。

2.3.1 电商消费者分析

作为电商平台的商家，如果不了解消费者，那展现给消费者的一定是不符合其需求的内容，绝大部分消费者对网购商品的认知都来自于视觉，那对商家来说，符合消费者购物逻辑思维的商品详情页就很有必要了。如果想在激烈的市场竞争环境中脱颖而出，就必须要比竞争对手更了解消费者，让消费者通过感观的了解对商品产生购买的欲望。基于此，对消费者的浏览行为习惯分析以及对消费者的分析就是重中之重。

在实际运营中，商家想把自家的产品卖给所有的消费者，卖化妆品的恨不得所有人都使用自家的化妆品，卖包的恨不得所有人都背着自家的包去旅行，卖家具的恨不得所有人家里都摆放自家的各种家具，卖家纺的恨不得男女老少都使用自家的枕头……

"你又不是人民币，怎么可能做到人人都喜欢"，如何让客户一见钟情，喜欢上自家的产品呢？首先，要了解消费者的购物浏览习惯，其次，要分析决定消费者最终购买的理由是什么。

1. 消费者浏览行为习惯

消费者在电商平台购物时会通过哪些渠道找到商家的产品？对于消费者来说，什么样的产品会让他们在看到后点击浏览？什么样的产品最终会让他们下决心购买成交？在浏览或购物的体验中，消费者最看重的会是什么？

因此，站在消费者的角度去考虑这些问题，把握他们的消费心理，对消费者进行具体分析就势在必行。

2. 消费者分析的内容

商家在设计主图和详情页时，如果可以详细分析自家产品的消费者特点，从提炼的特点中找出消费者的需求点，就可以做出营销效果较好的视觉页面。具体应该分析消费者的哪些内容呢，如表 2-3-1 所示。

表 2-3-1

序号	问 题
A	我的客户群在哪些城市，为什么？
B	他们在什么时候购物，为什么？
C	男客户多还是女客户多？他们各自在乎什么？
D	他们的收入状况和社会地位如何？
E	他们在生活中，最稀缺的人文关怀是什么？
F	什么样的功能、形状、颜色的产品和开箱体验会让他们忍不住分享给朋友？
G	谁会影响他们的购买决策，为什么？
H	购买这类产品的客户，有什么特殊性？
I	购买后怎样让这部分人群成为我的忠实客户？
	……

如果以上问题都能回答得很好，则说明商家的定位清晰、人群精准，产品卖得好是应该的，倘若卖得不好一定是在运营及推广方面有问题，在定位上是没有问题的。同时，要不断优化产品主图及详情页。

在京东平台上，商家要用京东商智等数据工具做好数据分析，为店铺或产品的视觉营销提供有力的数据支持与服务。

3. 四种类型的消费人群

实际上，不管是什么样的消费者，都可以从以下这四类来分析：

第一，按收入分类

在商业环境下，经济基础决定购物诉求，不同收入的人群消费需求也不同，高收入者更关注享受性产品，而低收入者更在意衣食住行等基本需求。低收入者会觉得高水平消费奢侈且浪费，而高收入者觉得使用低价的产品很丢人。对商家来说，如果产品的品质和定位就是给高收入、高消费人群的，那么文案、视觉、包装都要围绕品质、概念、品位及高端服务来做。相反，如果产品定位是低收入人群，那么最需要突出的就是产品的性价比和质量。

第二，按性别分类

性别差异会导致消费者购物诉求和购物分工的差异。

男人因为需要而购买，女人因为喜欢而购买；

男人购买决策是想出来的，女人购买决定是逛出来的；

男人注意整体结果，女人注重购物体验商品细节；

男人极少从众，女人因缺乏安全感而从众；

男人购物图方便快捷，女人常犹豫不决；

男人会因为实用而购买，女人会因为羡慕别人买了而购买；

男人逛商场只记住了杜蕾斯和路过的美女，女人记住了包包、鞋子、项链、化妆品；

男人买东西很少评价，女人买东西通常会为返现而写300字好评及晒图、买家秀等；

男人购物是写实派，女人购物是印象派；

男人承担责任所以购买大宗物品，女人照顾家庭所以购买日用消费品。

找到属于店铺的消费性别群体，用心服务好他们即可。

第三，按年龄分类

消费者的年龄决定了生活的主题，生活主题决定了购物的需求。每个人在不同年龄阶段都有不同的生活主题，在不同生活主题下就会有不同的购物需求。电商时代，大到70岁，小到10岁，都是网购对象。

10岁的儿童天真无邪，买好玩的东西；20岁的青年积极乐观，买新鲜刺激的商品；30岁的壮年年轻有为，有着初为父母的责任与幸福，更关注家庭成员的身体健康；40岁的中年稳重而睿智，更关注地位、品位和名望；50岁知天命而轻松洒脱，孩子结婚了，更关注健康及文化内涵，更喜欢凭借经验购买，对记忆深的品牌有较深的依赖；60岁以上的老年人更关心增值……

第四，按行业分类

职业特性诞生细分小类目的市场。不同职业的消费者，对于产品的需求与爱好也不一样。

再小的品类也会有固定的消费人群，不要认为小品类人群少，就看不上这些小众行业。太极服、瑜伽服、滑雪服这些在运动类目很小众的商品在平台上年销售千万元，甚至过亿元的店铺也有很多。

细想下，不管是做服装鞋帽，还是做消费品，或是做服务，消费人群都可以根据收入高低、男女差异、年龄差异，以及行业特性来决定，每类人群的关注点都不一样，但这四类又都会有交叉的部分，通过差异区分，可以得出如下结论：

我的主要消费群体是低收入的女性，大约都在21岁左右，主要是大学生，她们更在意的是……

我的主要消费群体是高收入的男性，大约都在30岁左右，主要是老板或企业高管，他们更在意的是……

因此，不同的消费群体决定了不同的运营思路，大到产品结构、产品设计，小到包装、视觉呈现和服务细节，都可以因人而异、因时而异、因地而宜，找到自己精准的终端消费人群，最终才能获得更高的利润。

2.3.2　电商消费者购物诉求

马斯洛需求层次理论将人类需求分成生理需求（physiological needs）、安全需求（safety needs）、爱和归属感（love and belonging）、尊重（esteem）和自我实现（self-actualization）五类，依次由较低层次到较高层次排列。同样，电商平台商家如果根据消费人群的不同需求而在视觉营销中针对自己的产品进行有重点的呈现，那同样能让自己的受众人群产生购买的共鸣。

假如一个人同时缺乏食物、安全、爱和尊重，通常对食物的需求量是最强烈的，其他需要则显得不那么重要。此时人的意识几乎全被饥饿所占据，所有能量都被用来获取食物。在这种极端情况下，人生的全部意义就是吃，其他什么都不重要。只有当人从生理需求的控制下解放出来时，才可能出现更高级的、社会化程度更高的需要，如安全需求等。

1. 生理需求

如表2-3-2所示为人的生理需求。

表2-3-2

呼吸	水	食物	睡眠	生理平衡	分泌	性

如果这些需求中的任何一项得不到满足，人类个人的生理机能就无法正常运转。换而

第2章　视觉营销你需要什么

言之，人类的生命就会因此受到威胁。从这个意义上说，生理需求是推动人们行动最首要的动力。马斯洛认为，只有这些最基本的需求满足到维持生存所必需的程度后，其他的需求才能成为新的激励因素，而到了此时，这些已相对满足的需求也就不再成为激励因素了。

杜蕾斯将性的需求发挥得淋漓尽致，就连页面的关联销售也不放过每个产品独特的卖点提炼。通过强烈的视觉冲击直达消费者痛点，让消费者不由自主地进入自身的场景，从而产生购买的共鸣。如图 2-3-1 所示。

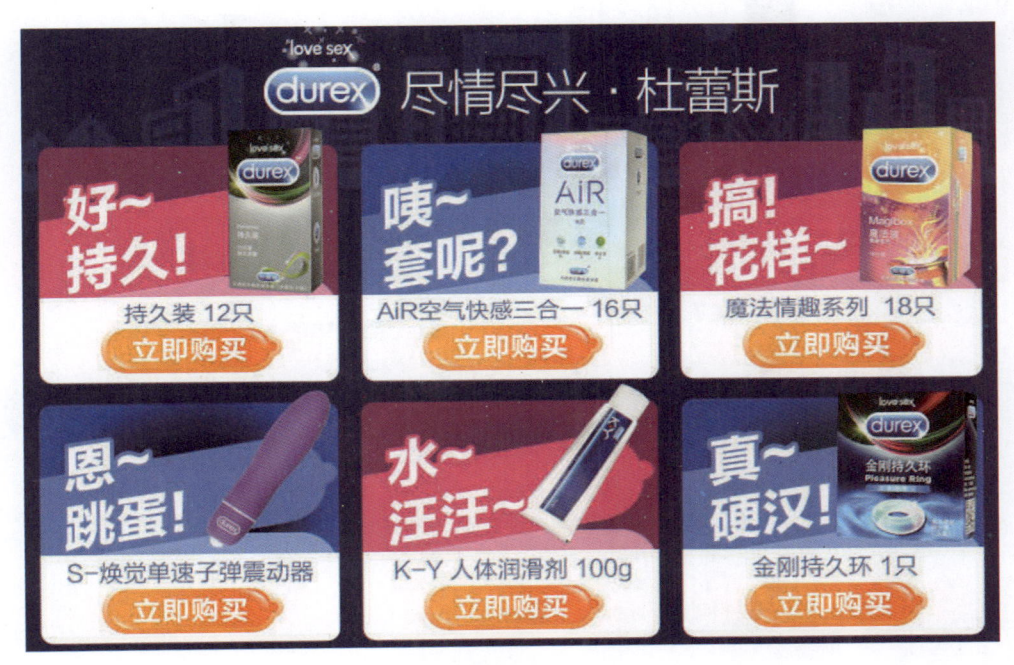

图 2-3-1

因此，电商平台商家应该在视觉方面尽可能满足这类型人群最基础的购物需求。

2. 安全需求

安全需求如表 2-3-3 所示。

表 2-3-3

人身安全	健康保障	资源所有性	财产所有性	首先保障	工作职位保障	家庭安全

马斯洛认为，整个有机体是一个追求安全的机制，人的感受器官、效应器官、智能和其他能量主要是寻求安全的工具，甚至可以把科学和人生观都看成是满足安全需求的一部分。当然，当这种需求一旦被相对满足后，也就不再成为激励因素了。

如图 2-3-2 所示，突破的插排没有像其他插排那样去强调产品本身的功能，而是独辟蹊径，从安全的角度折射到视觉的各个方面。有小孩的家庭在购买插排时更多会担心插排的

41

各种功能隐患，因此，突破插排紧紧抓住有安全需求的这部分消费者，从而精准锁定了目标人群，也让消费者在购买时消除了顾虑。

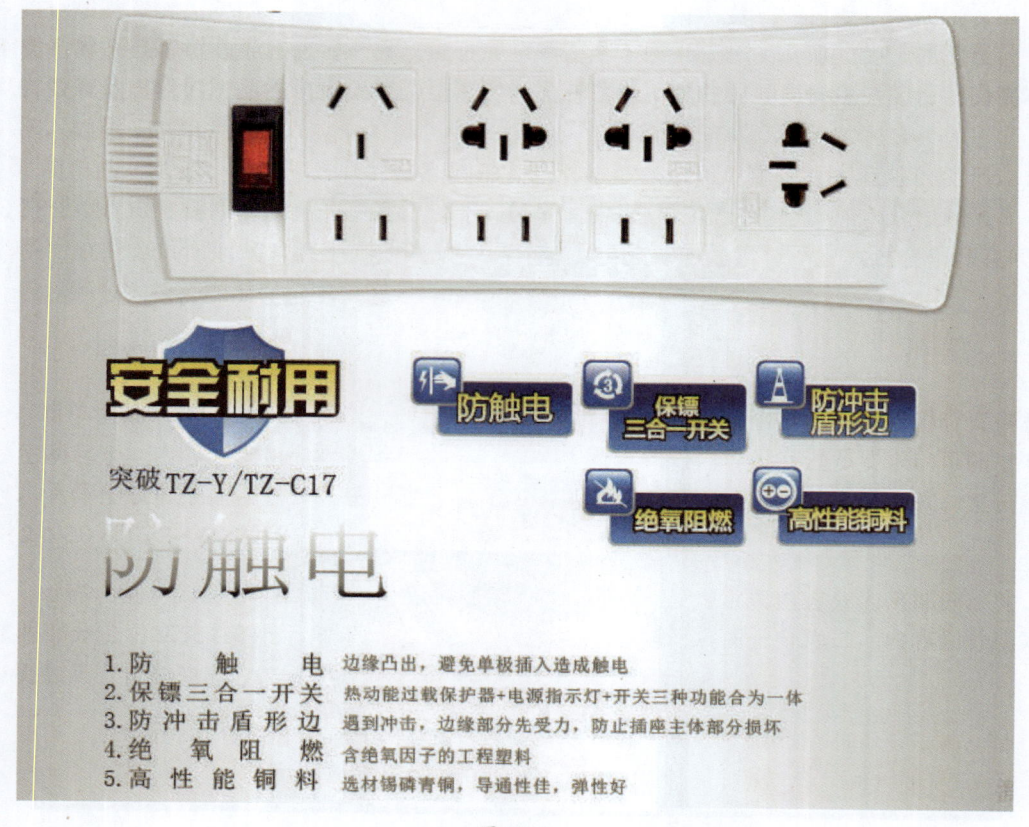

图 2-3-2

因此，当消费者的生理需求得到满足时，安全需求就成为下一个必须要实现的目标。对于电商商家来说，如何在视觉设计中让商品满足消费者更多安全方面的需求就很重要了。

3. 社交需求（情感和归属感）

社交需求如表 2-3-4 所示。

表 2-3-4

友情	爱情	性亲密

人人都希望得到相互的关心和照顾。感情上的需要比生理上的需要来得更细致，它和一个人的生理特性、经历、教育、宗教信仰都有关系。

人与人需要情感的交流，如图 2-3-3 所示，"爱情猪"的这个案例以情感为切入点，各种造型可爱的小猪以爱的名义通过视觉呈现表达出美好的寓意。

图 2-3-3

对于有社交需求的消费者，友情、爱情及性亲密就要在视觉页面中进行很好地呈现与展示，让消费者感受到这类型产品在购买后的满足感与喜悦。

4. 尊重需求

尊重需求如表 2-3-5 所示。

表 2-3-5

自我尊重	信心	成就	对他人尊重	被他人尊重

人人都希望自己有稳定的社会地位，要求个人的能力和成就得到社会的承认。尊重的需要又可分为内部尊重和外部尊重。内部尊重是指一个人希望在各种不同情境中有实力、能胜任、充满信心、能独立自主，总之内部尊重就是人的自尊。外部尊重是指一个人希望有地位、有威信，受到别人的尊重、信赖和高度评价。马斯洛认为，尊重需要得到满足，能使人对自己充满信心，对社会满腔热情，体验到自己活着的用处和价值。

对电商商家来说，这种尊重的需求意义很大，这个阶段的消费者更在乎的是一种被认知的感觉。如果在视觉设计中更好地去呈现或表现这种尊重，会让消费者很容易记住商家的品牌和店铺。

5. 自我实现需求

自我实现需求如表 2-3-6 所示。

表 2-3-6

| 道德 | 创造力 | 自觉性 | 问题解决能力 | 公正度 | 接受现实能力 |

自我实现的需要是最高层次的需要，是指实现个人理想、抱负，发挥个人的能力到最大程度，达到实现自我境界的人，接受自己也接受他人，解决问题能力增强，自觉性提高，善于独立处事，要求不受打扰地独处，完成与自己的能力相称的一切事情的需要。也就是说，人必须干称职的工作，这样才会使他们感到最大的快乐。

这个阶段的消费者对于产品都会比较挑剔，这个时候电商商家的视觉营销应该展现的就是满足这类型消费者的自我实现需求。

根据五个需求层次，可以划分出五个消费者市场，如图 2-3-4 所示。

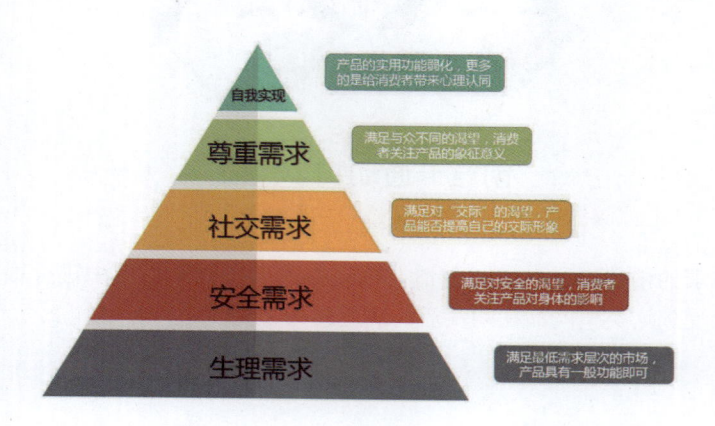

图 2-3-4

如果将这五种需求运用到商品的视觉营销中，也许五个点都具备，也许只会有一两个点。因此，这五种需求是相互交叉，又有可能会同时存在的。不同的需求点面对的消费人群会有所差别。商家最想要的人群是哪部分，就要去详细地做好这部分人群的视觉营销。

2.4　建立电商品牌营销理念

众所周知，品牌营销一词来源于广告业，品牌的力量甚至影响着一个企业的兴衰。广义的"品牌"是具有经济价值的无形资产，用抽象化的、特有的、能识别的心智概念来表现其差异性，从而在人们的意识当中占据一定位置的综合反映。狭义的"品牌"是一种拥有对内对外两面性的"标准"或"规则"，是通过对理念、行为、视觉、听觉四方面进行标准化、规则化，使之具备特有性、价值性、长期性、认知性的一种识别系统总称。

适用于电商行业应用的"品牌营销"，更多地被界定为：一种媒介，可助力电商平台售卖商品；一种符号，可提升店铺客户黏着度；一种体验，可强化品牌线上差异化优势。因此，品牌之于电商不止是可传播的视觉符号，也是具备互动性能的体验标签，一种看得见感受

第2章 视觉营销你需要什么

得到的、可持续的、具有售卖引导性的互动体验，即品牌电商视觉营销。

品牌电商视觉营销则由两部分组成：一是品牌视觉符号，即品牌自身的传播标签；二是品牌电商视觉体验，即品牌专属的店铺购物体验。视觉符号用来增强消费者的品牌印象，视觉体验则用来提升消费者对商品的好感。二者结合就可形成品牌特有的差异化视觉营销效应。

2.4.1 品牌视觉符号

首先需要理解品牌视觉符号的意义与作用。提到符号，读者通常会快速地联想到用于表述语气的标点符号、用于阐述观点的语言符号、用于快速辨识的图形符号等，而品牌符号则囊括了想到与想不到的一切，既可影响到对事物的判断，又可构建对事物的全新理解。品牌视觉符号不仅能实现前一句话的作用，而且能通过视觉手段去调动消费者的感官系统，并利用契合品牌定位的素材与精准匹配的设计手法，去影响消费者的感官决策与终端购买行为。

而正确地运用品牌视觉符号，精准地匹配适用品牌特征、商品卖点、目标消费者的视觉元素与视觉手法，则可以助力店铺销售，以达到事半功倍的效用。但错误地、不恰当地、想当然地去随意匹配品牌视觉符号，则会导致传达的商品理念与消费者预期背道而驰，从而影响到一个店铺的点击与转化效果，并在无形中会导致持续性的跳失，最终影响到店铺的整体销售，那就是得不偿失了。

如图 2-4-1 所示（颜印象版权所有），无论是商品海报还是营销方案，范德安泳衣都在强调着个性、时尚的泳衣新视觉感官，从突出自身的品类差异化，令消费者留下深刻的品牌印象。"时尚态度"视觉被应用在范德安店铺的整体视觉装修、商品海报、品牌海报中，从而令消费者从首页到活动页再到商详页，都一直沉浸在时尚泳衣的感官触动中，以至于在潜移默化中令消费者加深了对品牌创新品质的认知，最终达到强化品牌印象，增强商品好感的视觉效应。

图 2-4-1

1. 品牌 DNA 视觉标签

品牌视觉符号用以构建品牌印象，品牌DNA视觉标签则在构建品牌的差异化感官印象。"DNA"一词常用来代表一个人不可替代的、独一无二的个体特征；"品牌DNA"则代表着一家企业不可复制的核心竞争力，既可以是特立独行的企业文化理念，也可以是个性鲜明的品牌形象。品牌DNA于线下决定着一家企业的核心发展使命，于线上影响着一个店铺的展现率、点击率、转化率与复购率的高低。

而品牌DNA视觉标签用于线上时，则指代着一家店铺的系统视觉符号、一件商品的完整使用体验。它既决定着店铺的整体装修风格，也定义着商品的视觉包装效果，还在构建着营销活动的视觉氛围营造，同时也在影响着一系列线上相关的终端视觉作业。线上终端视觉作业是实现品牌营销、活动规划、商品策略的唯一手段。因此，品牌DNA视觉标签的构建直接影响着品牌线上的销售节奏。

如图2-4-2所示，苹果品牌的"黑白灰"即是其独特的品牌DNA视觉标签，在苹果全面地、规范地、统一地使用黑白灰三色之前，人们不会将这种配色方案快速联想到高品质的印象。我们不能否认苹果手机的成功，和它初问世时的独特商品特性、无与伦比的商品外观有着密不可分的关系，当黑白灰的视觉方案与如此独特的商品进行捆绑，并长期出现在消费者面前时，久而久之，黑白灰俨然成了"高品质"的色彩代言方案，同时也成为苹果独特的品牌视觉标签。

图 2-4-2

2. 品牌电商视觉体系

战场上无作战体系则溃不成军，商场上无经营体系则寸步难行，电商运营无体系则分分钟跳失。体系指代的是系统工程,体现着一个企业的作战能力、一家店铺的销售能力、一件商品的市场竞争力、一个品牌的持久影响力。

品牌电商视觉体系在于是否做到了电商店铺视觉的系统性、统一性、精准性;是否形成了有效的、完整的商品视觉营销力;是否全面响应了目标受众的线上视觉体验需求;是否形成了易于传播的、具有影响力的品牌线上视觉符号。

文字多、素材多、色彩多、版式多并不代表销售就多,反之,一家店铺如果可以规范地先进行店铺视觉诊断,圈定店铺视觉营销方向,明确品牌DNA视觉标签,再根据系统的视觉解决方案去精准地实施视觉落地作业,至少可以让消费者清晰地记住店铺印象、商品特征、品牌态度,从而形成深植于消费者脑海中的"品牌好感"。

如图2-4-3所示,施华洛世奇旗舰店首页与活动专题页的统一视觉呈现画面,当消费者来到店铺首页感受到品牌扑面而来的大牌效应时,消费者会自然而然地将这种感官印象联想到店铺的方方面面,如果活动专题页或商详页呈现了和首页海报图不同的视觉,则会令消费者感到印象失联,影响顺畅的购物体验,更会导致兴趣的降低,进而影响购买决策。因此,品牌电商的视觉呈现是否能够形成体系化、系统化、统一化,将直接影响着一个店铺的转化。

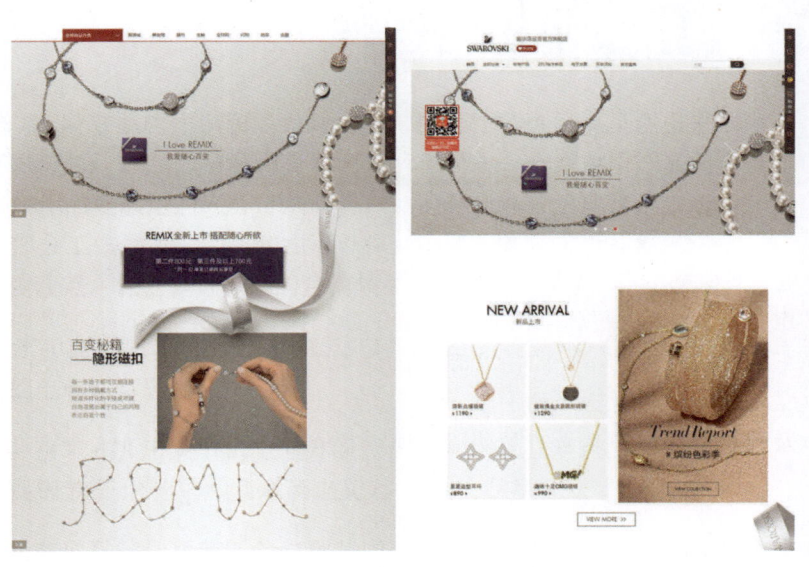

图 2-4-3

2.4.2　品牌电商视觉体验

讲述品牌视觉体验之前,不妨先来理解电商视觉体验一词,请想象这样一个情景,"夏天到了,去超市的路上看到了香甜可口的西瓜,售卖小贩居然还启用了冰冻措施,仔细看都能看到西瓜上不断冒出的丝丝凉气。这时,心里不免会想到在这个酷暑时节,这真可谓

京东平台视觉营销

是"救命稻草",而如此体验,试问谁不会买单,而且下回去超市肯定会主动去留意那个心细的卖瓜小贩的摊位。现在留在读者脑海中的答案就是"体验",一种愉悦的感官体验,一段幸福的感官记忆。对于线下,可以摸得到凉气,闻得到瓜香,对于线上,可以置身自然的瓜林中,体验亲自采摘的乐趣,感受扑面而来的热情服务,而后者即电商视觉体验。如图 2-4-4 所示(颜印象版权所有),设计师通过项目策划的视觉定位,寻找匹配的全景式素材,并结合痛点文案,为消费者构建出沉浸式的阅览体验,将项目旅行地的真实情景提前植入消费者的脑海中,从而刺激感官决策力,加速购买行为。

图 2-4-4

而品牌电商视觉体验强调的是通过构建完整的、系统的品牌线上视觉作业规范,结合如上提到的电商情景体验,去刺激目标消费者的潜在购买欲望,并激发消费者的情景体验共鸣,从而形成行之有效的、全面精准的店铺整体视觉体验。此外,电商平台凭借更为丰富的线上视觉传达手法与视觉互动手段,可以实现线下无法匹敌的情景自由切换,远景自在构建,以及极具时效购买刺激的互动情景视频。从而,大大提升品牌主导力,刺激即时消费。

1. 品牌电商购物体验

如果说品牌电商视觉体验强调情景带入,情感共鸣,品牌电商购物体验则可以理解为更具规模、体系的店铺完整系统体验。体验对于电商运营人员来说,强调更多的是商品体验、售前售后体验,而品牌更需要的是电商印象体验,印象体验不只是强化对商品的好感,对服务的认可,更多是在强调来店购物的消费者对店铺的好感,对品牌的认知,对复购的影响,对黏着度的贡献,对自主传播的力度。

第2章　视觉营销你需要什么

　　品牌电商购物体验更注重店铺的整体视觉输出的质量、调性、态度。因为质量影响着店铺转化、调性影响着店铺传播、态度影响着店铺关注，因此品牌电商购物体验大到全店设计风格，小到营销语字形大小，期间的每一个细枝末节都在决定着视觉终端的感官影响力。而要构建行之有效的品牌电商购物体验，就要精准定位自己品牌的线上优势、目标受众的视觉喜好、匹配商品的视觉营销架构，从而构建系统的电商视觉体验，形成具有营销效应的店铺购物体验。如图 2-4-5 所示的整店视觉装修（颜印象版权所有），从首页到商详页均保持着高度统一的视觉调性、配色方案、素材规范。从而形成完整的、系统的品牌电商视觉体验，为消费者带来顺畅的购物体验与鲜明的品牌印象。

图 2-4-5

2. 差异化品牌电商视觉定位

　　在了解差异化定位之前，需要先了解什么是定位。定位理论由美国著名营销专家艾·里斯（Al Ries）与杰克·特劳特（Jack Trout）于 20 世纪 70 年代提出。里斯和特劳特认为，定位要从一个商品开始。商品可能是一种产品、一项服务、一个机构甚至是一个人，也许就是你自己。但是，定位不是对商品要做的事，定位是对预期客户要做的事。换句话说，要在预期客户的头脑里给商品定位，确保商品在预期客户头脑里占据一个真正有价值的地位。定位理论的核心是"一个中心两个基本点"：以"打造品牌"为中心，以"竞争导向"和"消费者心智"为基本点。

　　定位理论，线上线下相通，以品牌为导向，可以促成一批持久追随品牌理念的忠实粉丝；以商品为导向，可以形成一时的海量爆发；以消费者为导向，则可以形成与时俱进的具有持续性创新的企业生存模式。而无论是以哪种为导向，都要取决于最初的定位，品牌定位、商品定位、目标消费者定位。品牌定位可以决定店铺调性、品牌态度，提升推广力；商品

49

定位则可以影响商详页转化率，定位准确则可提升即时购买力；目标消费者定位则直接关乎着精准展现、精准转化与精准变现的成功。

因此，在深究差异化品牌电商视觉定位前，建议以目标消费者为核心导向，结合品牌与商品定位，从而形成牢靠的、系统的、完善的、有效的品牌线上视觉营销方案与可行性终端视觉体系。"差异化"是电商行业从业人员挂在嘴边的关键词，同质化严重的电商行业下，商家们都在寻求差异化解决方案，就算是奢侈大牌也在随着电商消费需求的不断升级，变换着自己的营销方针。因此，差异化营销方针定位准确，将直接影响着一个品牌在既有市场的份额竞争力与潜在拓展力。要实现精准的差异化品牌电商视觉定位，就要反思自家的目标消费者标签，此标签越清晰投放越精准，解读越透彻转化越精准，落地越匹配变现越精准。如图 2-4-6 所示，三只松鼠独具特色的品牌视觉符号"三只松鼠"，即形成了与产品属性的自然关联，提高了消费者的感官兴趣，且如此形象的、高辨识度的品牌符号更易于消费者记住与传播。

图 2-4-6

2.4.3　影响受众自传播的品牌视觉力量

对于电商行业，除了要有明确的营销方案、鲜明的品牌符号、独特的店铺体验，还要具备强有力的传播推广力。广告投放砸多少钱是标准？促销活动做多少次是有效的？如果说，一张图、一个页面、一个系统的视觉符号就能轻松提升客户黏着度、提升转化率、提升复购率，甚至什么都不干就眼见着关注度上升呢？如此美好的景象，其实就是系统的品牌线上视觉营销的作业基准以及可见的品牌传播效力。

第2章 视觉营销你需要什么

接下来，不妨一起脑洞下：

夏天口渴了，想喝带汽儿的饮料，你会想到什么？

答案几乎肯定是"四个字"的吧。

想到坚果，你又会想到什么？

至少会想到"松鼠"吧。

……

不要质疑，这就是品牌符号的力量。

哪怕企业只是想植入彰显态度的服饰品牌印记，如图2-4-7所示（颜印象版权所有），通过传达极具格调的摄影方式、情怀铺陈的设计手法，令消费者记住态度标签的同时，记住店铺、记住品牌。

图2-4-7

51

第 3 章
店铺视觉营销

3.1 市场分析

一个好的店铺视觉通常会起到让消费者记忆深刻、迅速触达需求痛点的效果，进而使消费者进行多次回购。正如三立人（深圳）科技有限公司旗下无感标签内衣品牌——Bananain"蕉内"，其并非是二三线城市大街小巷就能随处可见的品牌。蕉内用"聚焦于内"的态度设计每一件贴身衣物，彻底从工艺和审美的角度思考到底一件内衣可以变成怎样。蕉内对创造力有更高的要求，避免盲从的大众潮流，拒绝无意义的缝制标签，从艺术、科技和文化的多元视觉化效果法合内在穿着有关的先锋设计。"蕉内"无感内衣在2017年618当天成交额达到130万元，开启了高颜值内衣品牌的走红之路。

这个内衣品牌之所以能够达到如此好的营销效果，它的视觉冲击作用是不可或缺的，并且视觉设计团队在初期也做了非常充足的市场调查以及数据分析工作，做到知己知彼，为后期的视觉产品营销指引方向。

3.1.1 市场调研

做好一个品牌应全面分析市场，通常包括行业调查、人群分析、竞品分析等，最后确定分析结果。下面将结合案例逐一剖析。

1. 获取信息

获取信息可从以下途径着手：

（1）从行业协会了解。行业协会作为政府与企业的桥梁，能够起到对行业基本情况进行统计分析的职责。对于商家来说，从行业协会可以获取如下数据信息：行业发展状况、行业发展趋势、消费者对于产品需求的侧重点等。对于内衣品牌"蕉内"来说，可从行业协会中获取到不同年龄对于内衣品牌的认可度、对于内衣的色彩偏好、对于价格的认知以及款式的接受程度等。对于一个具有特殊功能性的内衣品牌，这也是打入中国市场关键的一步。

（2）从销售终端获取，如商场、超市、便利店等的详细购买情况及消费者接受程度。"蕉内"做的一线调研就是彻底摸清楚浏览店铺的消费人群、购买时间、对场景的感觉把控等。

（3）从竞争对手分析。在中国市场，"蕉内"的竞争对手不少。了解竞争对手有何种优势是本品牌可以学习的，又有哪些方面是其应该规避的就非常必要。只有了解竞争对手方能更好地了解自身产品的定位与发展趋势。

读者可以从竞争对手的定价、人群定位、商品包装、线上推广方式、线上主打产品等一系列有助于了解本店铺的信息数据入手，找到与自身品牌调性相似、与自身价位相似、与自己品牌识别度相似的品牌，以便进行考察与对比。如图3-1-1所示。

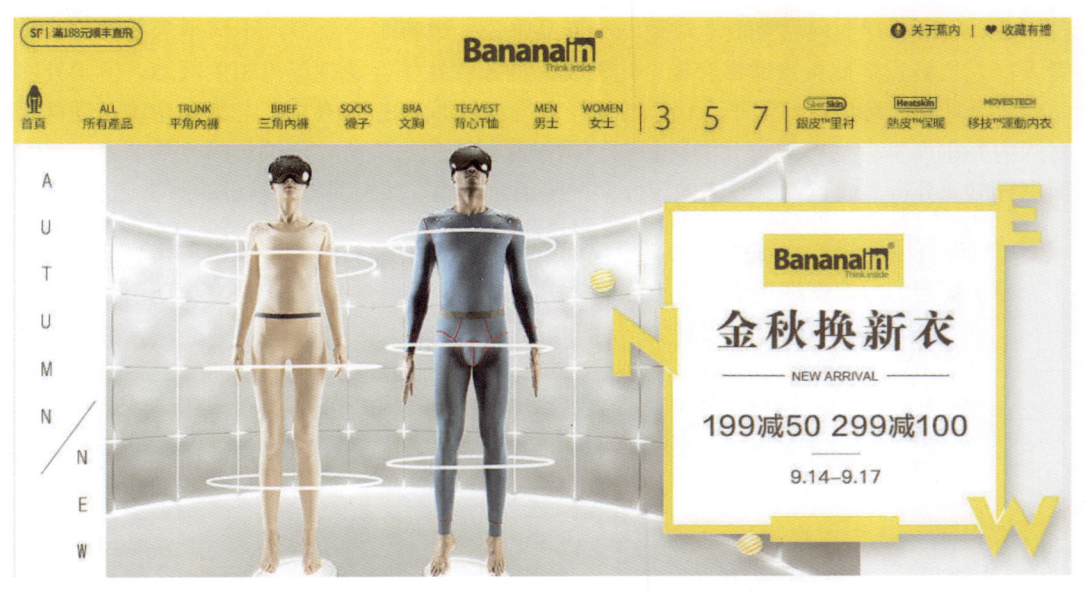

图 3-1-1

（4）从流行趋势把控。不同年龄层次、不同国家、不同城市对于商品的需求和喜好不尽相同，针对内衣品牌，尤其是对于青年群体流行趋势的把控尤为重要。流行趋势不仅局限于商品的颜色、款式，还有流行语、流行搭配、流行配饰等。把握消费人群喜爱的特征才能把控市场需求。对于"蕉内"而言，了解现阶段中国青年群体中流行的颜色、款式、搭配喜好是必不可少的一个方面。如图 3-1-2 所示。

图 3-1-2

（5）从相关行业网站获取。对于一个商品来说，销售平台众多，不同平台针对的消费者人群、价格设定侧重点通常存在一定差别。商家往往不会忽视国内相关网站，但国外网站或者全球购、跨境电商等平台信息通常没有得到足够重视。"蕉内"起源于中国，同样要对国内外电商平台进行数据分析，如在不同国家所接受的价格、店铺布局、活动喜好等方面进行对比分析。建议商家参考的国外网站包括速卖通、敦煌网、亚马逊、顺丰优选等。

既然调查就要进行详细的记录，建议商家根据自身情况制作一个数据采集表格，将每个途径采集到的数据详细记录并做出准确分析，以便于日后查询。如表 3-1-1 所示。

表 3-1-1

行业数据调查信息汇总表		
行业协会了解信息内容	零售行业	
	内衣行业	
销售终端获取信息	超市	
	商场	
竞争对手信息	竞争对手1	
	竞争对手2	
流行趋势	流行颜色	
	流行款式	
相关行业网站	网站1	
	网站2	

2. 分析信息

获取信息后要进行详细的数据分析。数据分析分为线上行业市场及线下商超行业市场两部分。

因数据较好采集，运用的人力物力成本也较低，很多商家只做了线上行业市场分析，但采集到的数据并不完整，对于商品本身来说无法做到全盘规划。内衣品牌"蕉内"，不仅从线上了解相同购买人群、同等价格接受度的相似品牌，同时也去线下不同区县商场、不同地域消费层次进行分析。线下行业市场分析通常要从本产品或类似产品的包装、价格、促销标语、购买量等信息进行采集。

从线上了解到的数据，加上线下实体店采集到的数据，才能够得到一个相对完整的市场分析数据，以此为商家对于店铺定位及产品定价等做出有价值的参考。

3．人群分析

人群分析是市场调研非常重要的一个方面。人群分析种类繁多，对于"蕉内"来说，了解青年特性，把握现代青年消费观，并把控不同年龄、性别、地域、兴趣的消费者的差异化，就更能够提高消费者的接受程度。除了通常情况下的人群分析外，还可按当下流行趋势进行分类：如星座、血型、文化艺术人群等。具体分类方式取决于你的产品特征、产品属性以及受众群体。

4．竞品分析

对商品进行详细的竞品分析有利于对产品的销售情况及发展趋势做出预估。竞品分析时要做到三点：分析竞品的属性、功能以及定价。

同类产品大多在颜色、款式等细微之处有所差异，做好竞品分析，对于商家避免同质化竞争有很重要的意义，如不同款式、不同型号、不同功能、不同色调的产品在其店铺的展现形式偏高或偏低，如何突出卖点，是否在做打折促销等。此外，竞品分析并非一次性工作，确定竞争对手后，实时监控对方变化，严格记录所有竞品数据并进行分析，才是一名合格的店铺运营人员应该具备的素质。

3.1.2　结果定位

在市场调研全部完成后，还有一项工作不容忽视，就是通过采集到的所有数据确定最终的市场分析结果。

在做出详细的分析后，相信商家对于自身产品定位也具有了一定的认知，有了这层认知后就能更准确地定位出产品价格、面向的消费者层次以及产品包装等内容。为便于对市场分析结果进行把控，应将分析结果整理成表格，可参考表3-1-2。

表 3-1-2

适合人群	年龄阶段	颜色选择	尺码选择	款式选择	价格定位	地域选择
男性	15～40岁	肤色、灰色、枣红、黑色、墨绿、深黄色	165～190cm M～XXL	袜子、T恤、背心、外穿、短裤、三角内裤、平角内裤、秋裤、秋衣秋裤套装		
女性	15～40岁	灰色、白色、明黄、肤色、果绿色	150～175cm S～XL	速干文胸、三角内裤、秋衣秋裤套装		

市场调研是一项繁重且细致的工作，前期需要经过大量的数据采集和分析工作，这一步骤往往被商家所忽略，本章内容就是为了让读者做好市场调研，打好店铺视觉营销的基础，以此让店铺的商品获得更好的销售结果。

3.2　找到店铺视觉定位的四个关键点

随着信息技术的发展，以手机短信、网络、移动传媒等多种方式获取的信息总量无可避免地膨胀，信息就像洪水一样包围着我们，消费者注意力的转移也变得更加频繁。加之移动端用户的急速增长，人们步入了一个浮躁的年代，文字让人厌倦，视觉不断刺激消费者的眼球、触动消费者的神经系统，因此图片、视频，以及极具吸引力的视觉已然成为风尚。

同时，流量入口的碎片化、产品的同质化已无可避免，产品与品牌的过剩，如何让消费者在进入店铺之后，迅速形成良好的店铺印象，勾起消费者的购买欲望，促使消费者快速做出购买决策，关键还在于为店铺建立一个系统的视觉体系。通过对市场、行业及竞争对手的分析，打造具有差异化的店铺视觉，建立独特的视觉体系，瞬间提升消费者对店铺的认知与信任，占据消费者心智，来达到更高的产品溢价能力，是未来摆脱价格战，最终成为一个既卖得贵，又卖得好的店铺的必备思维。

3.2.1　色彩是影响顾客心理的第一视觉印记

在"眼球经济"的互联网时代，关注商品的 7 秒钟内，多数人确定选择购买的第一视觉印记是色彩，它甚至决定了店铺在消费者脑海中的去留命运，这就是色彩的力量。

世界丰富多彩，每一种色彩都有自己的性格，也被人们赋予了不同的涵义。它们与人们的心理体验相联系，从而使客观存在的色彩仿佛有了复杂的性格。如图 3-2-1 所示。

比如红色，红色的波长最长，穿透力强，感知度最高，因此红色象征热情、感性、自信，是个能量充沛的色彩——全然的自我、全然的自信，容易引起别人注意。

在电商领域，红色往往让人第一个想起的便是京东经典的大红色，红色的字体、红色的产品包装、红色的宣传海报、红色的对外形象等。如图 3-2-2 所示，这是京东自成立以来，第 4 次对 Logo 进行改动。朝着"年轻化、时尚化"的方向发展，扁平化的设计则使其"更易识别"。

热情的

冷峻的

自然的

图 3-2-1

图 3-2-2

京东平台视觉营销

京东选择了一种大红色作为品牌专属色彩的视觉传达，小狗有忠诚、友好的美好寓意，拥有正直的品行和快捷的奔跑速度，这与京东希望传达的理念一致，而"JOY"的名字有带给人喜悦欢乐的意思，寓意京东为用户带来快乐体验；并用红色去传达创造快乐、传递温暖的品牌理念。

看到这个颜色，就会感到热烈、快乐，极富爆发力，这个红色的视觉记忆点经过不断重复深深地扎根在用户的心中，形成品牌联想，这是品牌色彩所打造的强大力量。实施品牌的色彩营销战略，就是利用色彩的这种沟通模式，通过绚烂亮丽的颜色以及和谐的搭配，传达品牌营造的色彩世界，达到塑造品牌形象、传达品牌文化的效果，最终渗透到消费者的意识当中。以下是京东在电商平台上的视觉运用，如图3-2-3所示。

图 3-2-3

因此，对我们自身的店铺来讲，在为自己店铺选择色彩时，既要区别竞品色彩，又要寻找最能代表自身品牌理念的色彩，帮助塑造品牌调性，快速激发消费者的情绪。只有通过色彩使得各种知觉被触及，运用色彩激发品牌的记忆，才能让消费者立即感受到栩栩如生的品牌体验，从而在第一时间记住品牌。

3.2.2 视觉符号是唤起共鸣的绝佳工具

如果说色彩是影响心理的第一视觉印记，那么视觉符号则可以让人快速识别，唤起共鸣。一说到视觉符号就有人认为很简单，不就是标志吗？并不是。符号首先在产品上，汽车的产品符号比较典型，每一个汽车品牌都有一个符号性的前脸设计，如同我们熟知的，"蓝白相间圆形"是宝马的Logo，而"双肾形前脸"是宝马的视觉符号；"人字形"是奔驰的Logo，而"倒梯形前脸"是奔驰的视觉符号。它的识别力超过它的标志，因为标志很小，要离得很近才能看见，而外观的符号性远远地就能识别出来，不仅能快速抓住受众的视线，唤起共鸣，也更容易传递独有的、区别于竞争对手的品牌印记。

就像电商平台，京东所运用的小狗结合中文名是京东的Logo，如图3-2-4所示，而简化的"JOY"轮廓是京东的视觉符号，如图3-2-5所示；通过对小狗形象的记忆识别，快速抓住受众视线，快速唤起消费者的记忆，引起共鸣。

图 3-2-4

此外，将符号系统化应用在企业对外传播的各个接触点，使之形成风格化，形成京东独有的符号帝国，让符号深深扎根于消费者的心里，完成品牌对于消费者的心智占领，这种方式对于自身品牌的传播起到事半功倍的作用，如图3-2-6所示。

京东平台视觉营销

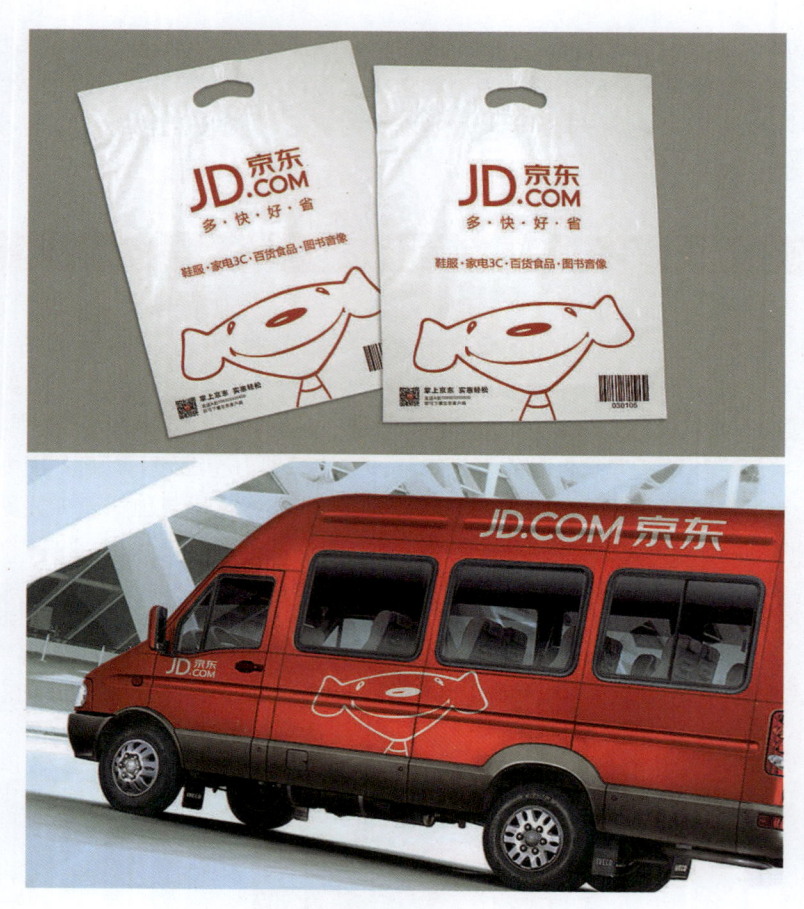

图 3-2-5

图 3-2-6

第3章 店铺视觉营销

可以看到的未来是：品牌符号化正变得愈发重要。对于一个产品一个企业，符号更彰显力量。在当今这个各种品牌琳琅满目充斥着市场的时代，我们更应重视品牌符号的力量，为品牌贴上一个独一无二的标签，使品牌更具特色与魅力。它是最简单直接的传播方式，而品牌符号化最大的贡献就是：能帮助消费者简化他们对品牌的判断；对于企业而言是最节省沟通成本的做法。所以，你的品牌，符号化了吗？

我们再来看一组案例，蕉内（Bananain），倡导无感标签内衣，聚焦于内，回归本源的心态。在符号的运用上，从品牌名称蕉内的"内"中提炼抽象形态的"内"字，造型简约，后现代风格突出，从而形成蕉内品牌独有的品牌符号。进一步强化了品牌价值观和品牌传播的核心要素，同时将独有的视觉符号展示出来帮助消费者记忆和识别品牌，并不断重复出现在各个位置，最终形成品牌印记。如图 3-2-7 所示。

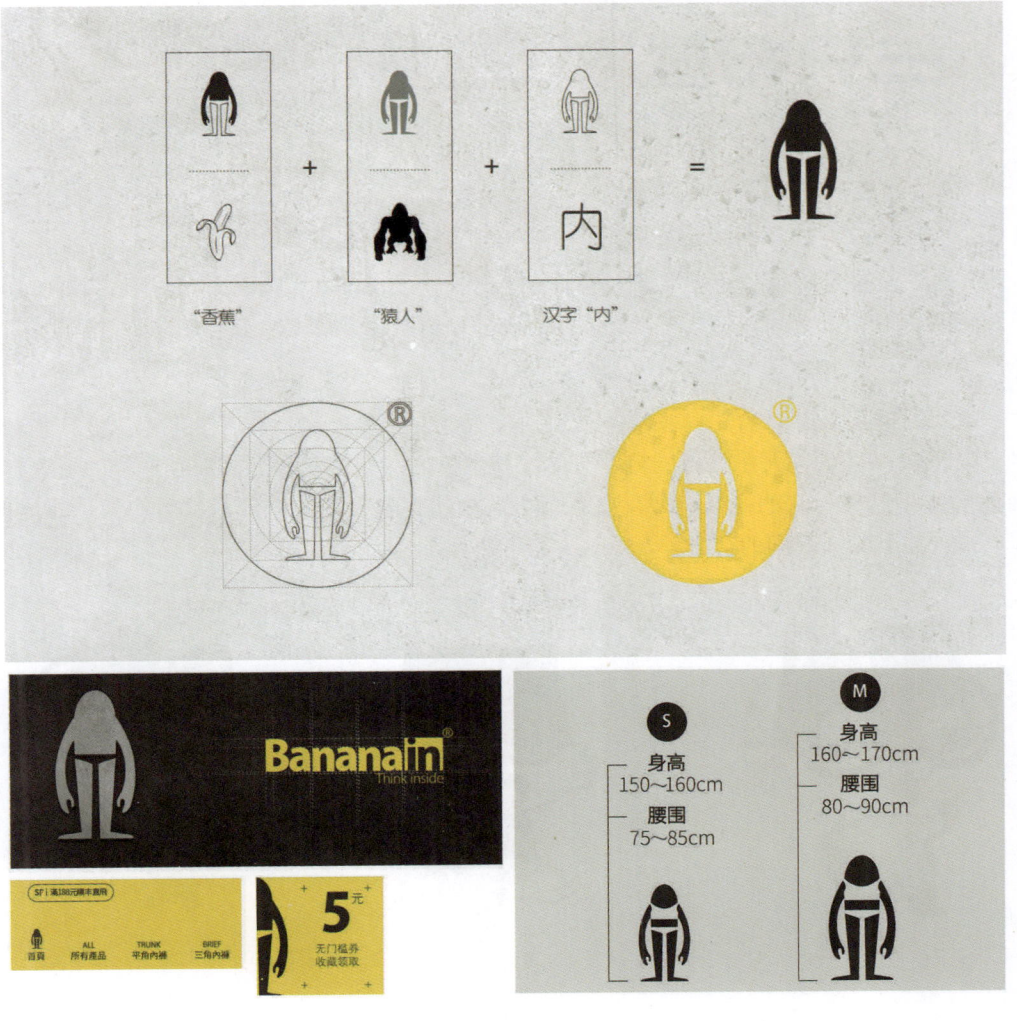

图 3-2-7

以坚果、干果、茶叶等森林食品为主的电商知名品牌"三只松鼠"，Logo 采用三只松鼠亲民的卡通虚拟化形象塑造了品牌的独特视觉符号，"卖萌"的同时也传递了为全人类寻找最新鲜、最健康、最好吃的休闲食品的森林夙愿，创造了中国互联网食品的一个奇迹。如图 3-2-8 所示。

图 3-2-8

首先，坚果是松鼠的主要食物，可以让人第一眼就能联想到该品牌的产品类别；而且松鼠的形象很萌很有趣，当买家看到如此可爱的松鼠时，怎能不动心？如图 3-2-9 和图 3-2-10 所示。

其次，也是最重要的，它非常便于识别，而且令人印象深刻。活泼可爱、极具亲和力的品牌形象，可以让人在相视一笑中对品牌产生美好的联想和印象，而且这样的形象自然而然变成了品牌独有的视觉符号，在茫茫大海中迅速找到你，降低消费者决策选择时间，购买成交也就是一瞬间的行为了。

图 3-2-9

图 3-2-10

近年来，手绘卡通风格愈加流行，其非常有利于展示人性色彩，形成独特的识别度，为用户带来真实感。强有力的视觉符号，不仅仅是重复了品牌属性，更将一个特定的视觉符号刺进消费者的心中，最终形成品牌印记，并能对消费者的心理和行为产生影响。同样的成功案例还有刺猬阿甘、周黑鸭，如图 3-2-11、图 3-2-12 所示。

图 3-2-11

图 3-2-12

综上所述，视觉符号的提取和设计可以通过品牌中某一核心诉求点作为基本形态，再进行变化，这样做的好处是既能取得视觉符号与品牌的密切联系，又能延续品牌中集合的企业理念，增加了整体识别体系的系统性，并且使品牌和视觉符号形成联动的呼应关系。

3.2.3　字体是情绪传达的催化剂

色彩和符号能够被快速感知，而文字作为视觉不可或缺的元素，同样具有重要的意义。众所周知，文字来源于象形符号，是用来表意的，字体通过不同的造型结构、笔画特征，能够传达不同的情绪，无论阳刚形字体的棱角分明、柔美形字体的优雅亲和，还是手写字体的舒适洒脱，无不表达着自己的情绪与感染力。

字体作为店铺中尤其重要的一部分，也在传达品牌的情绪。因此，需要寻找能够准确表达品牌情感的字体，突显品牌特征，从而吸引用户，产生情感上的共鸣。例如：科技类产品和运动类产品，需要突出产品的阳刚性，在中英文字体的选择上，往往会选择字形挺拔、粗犷、棱角分明的硬性字体，这类字体气势突出、视觉冲击力强、个性张扬有力、节奏分明，可以用于表现强烈的信心和勇气，给人视觉上的震撼。如图 3-2-13 所示。

图 3-2-13

同样可以表达这类感觉的字体还有很多，以下仅举几例来展示字体给人的视觉感受。如图 3-2-14 所示。

·阳刚的

阳刚的　　阳刚的　　阳刚的

阳刚的　　阳刚的　　陽刚的

图 3-2-14

女性用品，在中英文字体的选择上则应偏软——柔美、活泼、优雅、生动、亲和，这类字体适合表现情感细腻、有亲和力的产品，这种或柔美、或圆润、或优雅的字形传达，可以让人瞬间感受到产品的情绪，拉近人与产品的情感共鸣。如图 3-2-15 所示。

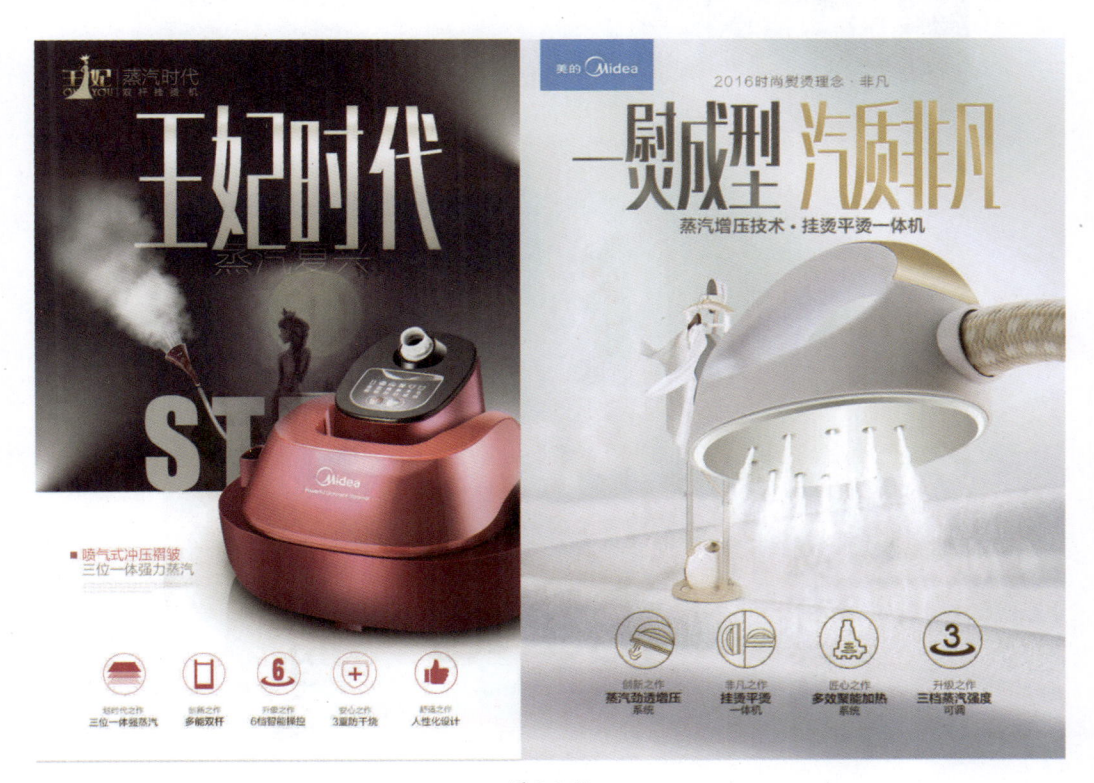

图 3-2-15

同样可以表达这类感觉的还有如下字体，如图 3-2-16 所示。

· 柔美优雅的

柔美优雅　　柔美优雅　　柔美优雅

柔美优雅　　柔美优雅　　柔美优雅

图 3-2-16

  中国风类用品、文化用品等在视觉表达上往往古朴、怀旧、中国风居多。在字体的选择上，往往会通过毛笔字体的苍劲有力来表达充实的个性张力，以及饱满的信赖感和说服力。如图 3-2-17 所示。

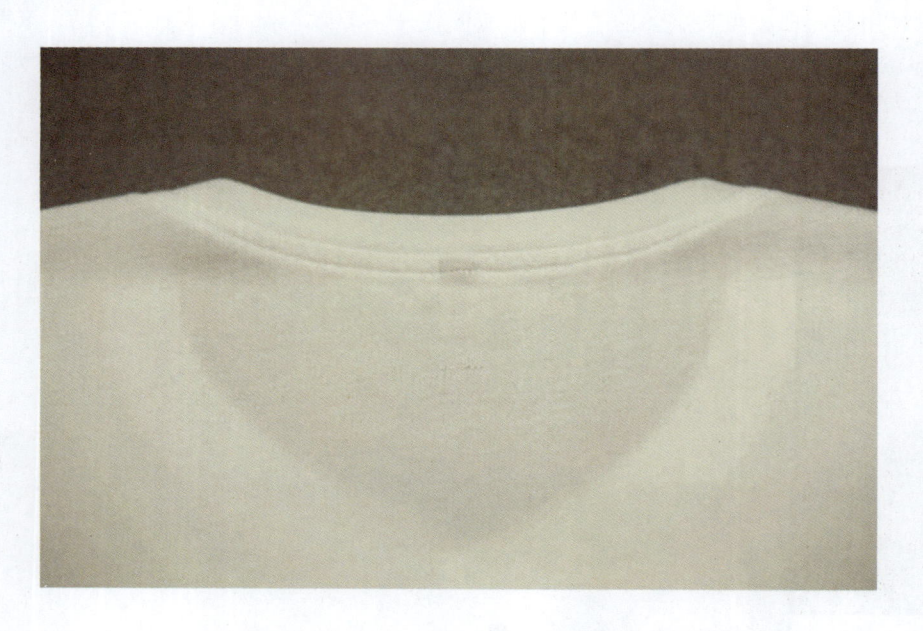

图 3-2-17

第3章 店铺视觉营销

同样可以表达这类感觉的还有如下字体，如图 3-2-18 所示。

·手写体

手写体　　　手寫體　　　手写体
手寫体　　　手写体　　　手写体

图 3-2-18

不同字体给人的感觉不同，而不同的字体搭配带给人的整体感觉也是不一样的。如图 3-2-19 和图 3-2-20 所示。

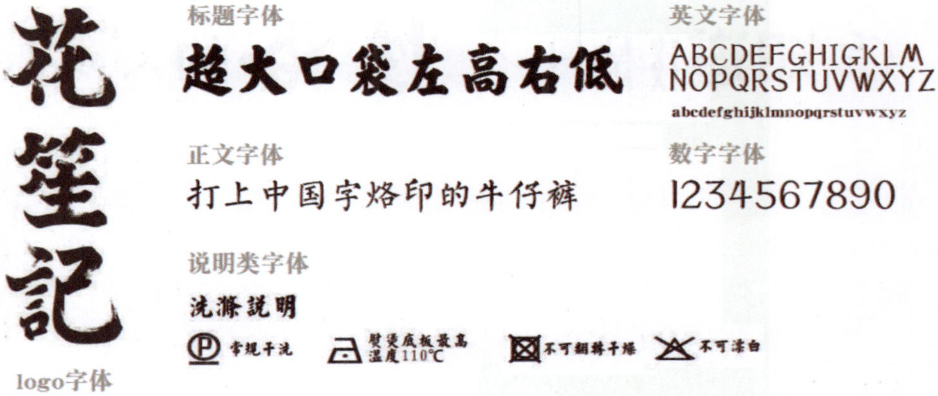

花笙记
logo字体

标题字体
超大口袋左高右低

正文字体
打上中国字烙印的牛仔裤

说明类字体
洗涤说明

英文字体
ABCDEFGHIGKLM
NOPQRSTUVWXYZ
abcdefghijklmnopqrstuvwxyz

数字字体
1234567890

图 3-2-19

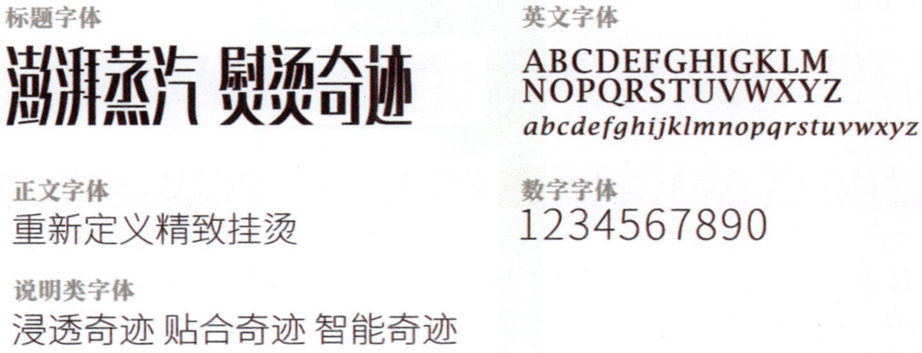

标题字体
澎湃蒸汽 熨烫奇迹

正文字体
重新定义精致挂烫

说明类字体
浸透奇迹 贴合奇迹 智能奇迹

英文字体
ABCDEFGHIGKLM
NOPQRSTUVWXYZ
abcdefghijklmnopqrstuvwxyz

数字字体
1234567890

图 3-2-20

69

需要特别提到的是，在字体的选择上，为满足电商平台快速传播的属性，帮助消费者了解品牌性格，建议字体的选择需满足以下标准：

第一，易读性。一个无法认清字的页面设计会给营销推广带来消极的影响，而清晰易读的字体对于提升页面转化率起着非常重要的作用，因此需要尽可能地保证文字的可阅读性，让人们可以轻松地识别与阅读。电商平台视觉设计终归是商业设计，要考虑到大部分人的文化背景和字体识别能力。

第二，统一性。在日常工作中经常会听到，这也太LOW了吧！！！能统一一下字体吗？页面中字体种类过多，就像情绪复杂的人反复无常，也会让页面感觉杂乱无章；不知道要传达什么感情。如图3-2-21所示。

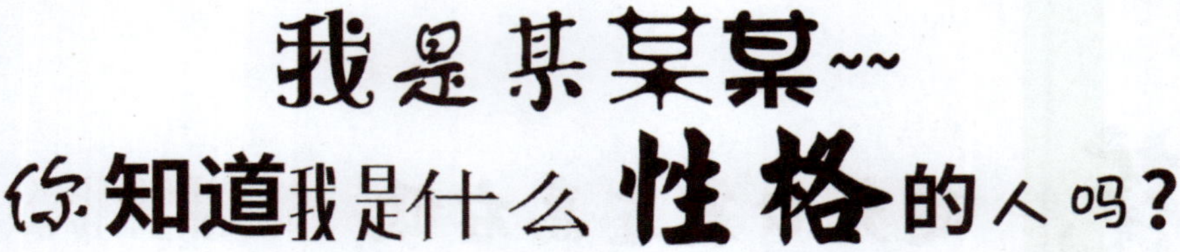

我是某某某…
你知道我是什么性格的人吗？

图 3-2-21

在此建议读者做品牌字体规划的时候只使用1～2种中文字体样式，1种英文字体样式；而在品牌字有明确规范的情况下，只需要一种字体贯穿全文。在选定品牌字体的风格趋势后，给字体做相应的视觉梳理。例如：主标题与副标题的行距、字与字的间距等的统一，这些对于传达品牌情绪都起着重要作用。

第三，著作权。从艺术风格在表达方式的协调统一性这个意义上来说，字库字体也是一部作品，受版权保护，不管是标题文字、正文文字或是营销体系文字，都要谨慎选用字体。如需使用特殊字库字体，需购买其版权才能使用，降低字体侵权风险，尤其是类似"方正字库""汉仪字库"或"喵呜体""静蕾体"等独创性较高的字体。

建议尽量使用常规易用字体，在此为读者推荐几种免费商用的字体。比如思源黑体和思源宋体、书体坊免费字体、文泉驿免费字体、鼎公众授权字体、王汉宗自由字形等。

3.2.4　版式让你的店铺视觉深入人心

店铺视觉是消费者在与店铺交互过程中形成的店铺视觉体验和店铺印象，同时让用户感受到品牌的价值。很多商家店铺存在最多的问题之一就是杂乱无章，表达方式众多，兼具各种版式，其结果就是大杂烩，没有统一的版式编排。店铺越大，产品越多，越容易使编排混乱，影响信息传达。

为了避免这种情况重复出现，本小节就需用3.2.3节中选好的字体放进版面中，规划相同的、相似的基本形来进行版式的统一编排，从整体上达到店铺视觉的安定、整齐与韵律。如图3-2-22所示为京东小米官方旗舰店。

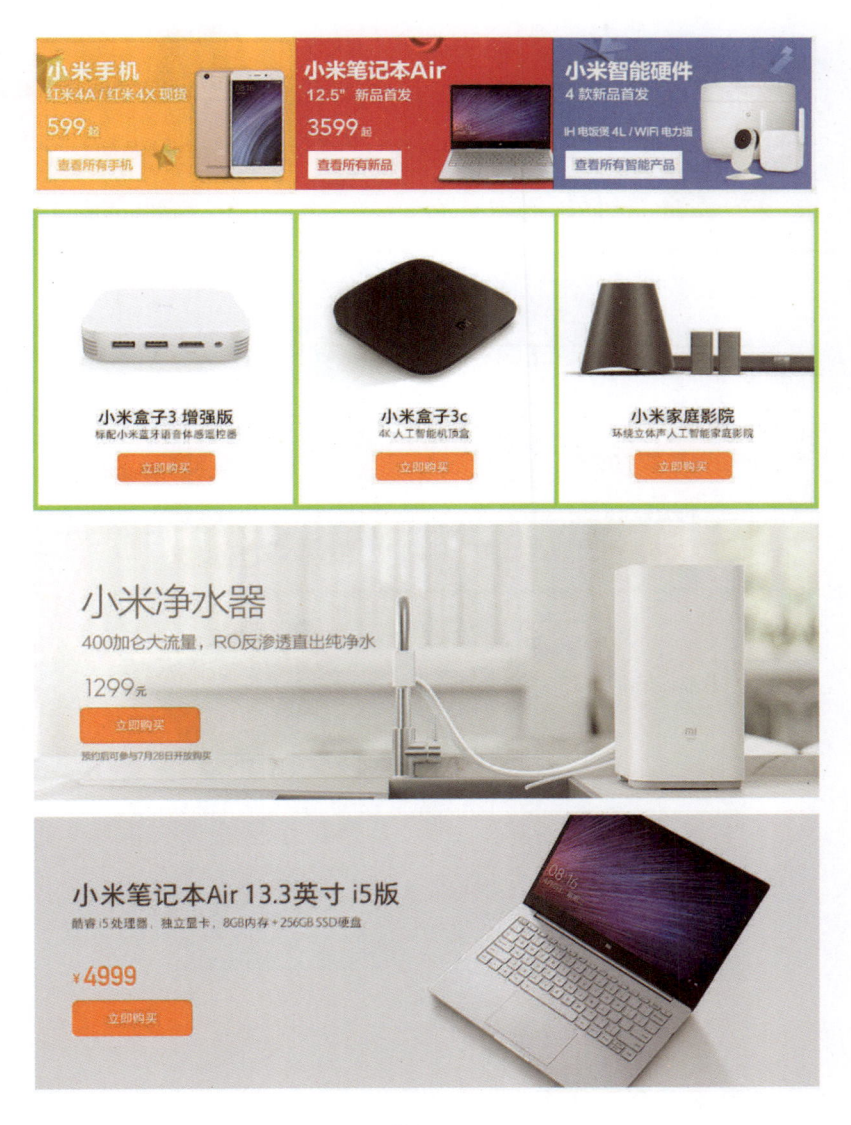

图 3-2-22

小米旗舰店的店内产品图，在设计风格上秉承一贯的极简风格作为基本型，图片中大量的留白，留有大量的想象空间，读图环境纯净，形成自己独有的视觉印记；在设计表现上，全店的产品图、海报图统一一致的表现，构成手法的规范化（主标题＋副标题＋价格＋购买按钮），标题字号、字体间距、行间距等都有统一规范。这样做避免了图片形式混乱带来的认知负担，大大提高消费者获取信息的效率，也带给用户顺畅的视觉浏览体验。如图3-2-23和图3-2-24所示。

京东平台视觉营销

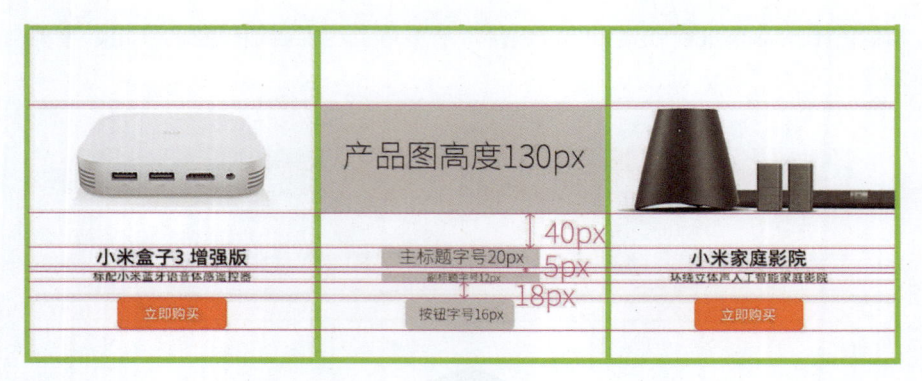

图 3-2-23

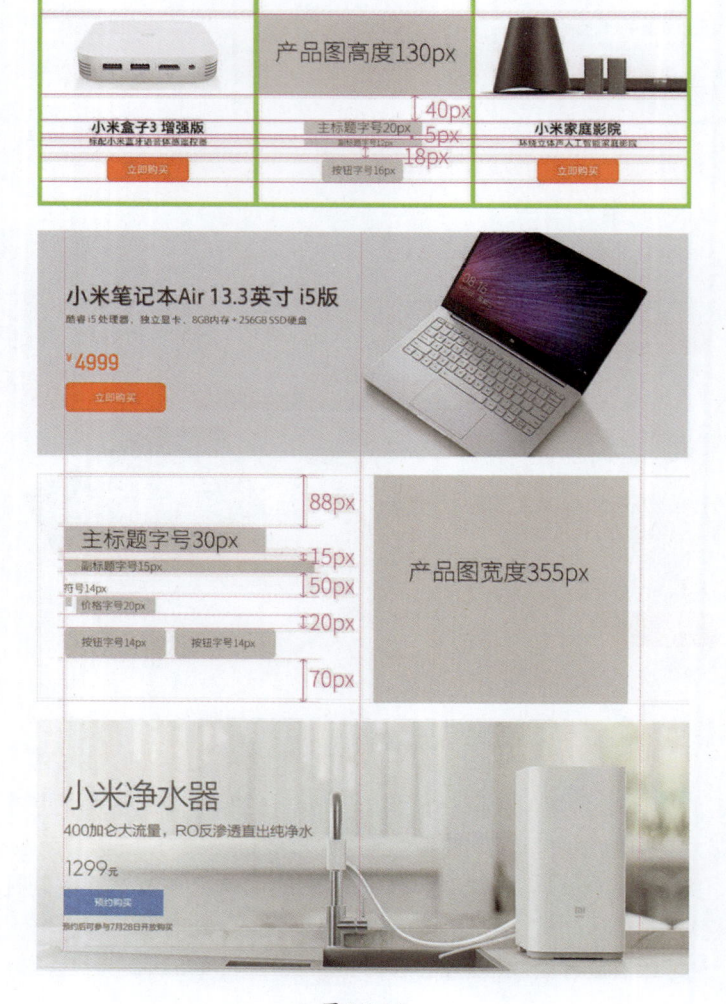

图 3-2-24

72

综上所述，店铺视觉定位就好比是一个人，视觉调性则是这个人的气质，气质是由内在的言行举止、衣着打扮等多个方面体现出来的，或庄正严谨、或直率热情、或亲切随和、或素雅飘逸，但是如果是同一个人，言谈举止和气质完全不匹配，你还会对他印象深刻吗？

因此，基于互联网平台，一个高度统一的店铺视觉，需要从色彩、符号、字体、版式等多个维度与细节上建立自己的识别系统，做整体规划，在店铺内做视觉聚焦，这里面的每一个环节都需围绕要传达的品牌调性来做记忆。例如，小米的极简风、花笙记的中国风、三只松鼠的卖萌。这些店铺通过一系列的记忆符号，让消费者瞬间记住品牌，以此才能让品牌在眼花缭乱的视觉轰炸下脱颖而出，让人发现并记住。

3.3 为店铺规划视觉设计标准

3.2.4 节讲到各维度统一的视觉规划会让店铺的视觉深入人心。下面以内服品牌"蕉内"为例，如图 3-3-1 所示，从休闲舒适"无感标签内衣"这个定位出发，以简洁明了、科技领先的方式表达"聚焦于内"的品牌理念。那么我们现在就从拍摄图、Logo、色彩、符号、字体、版式、推广等几个维度来讲解如何规划店铺专属的视觉标准。

图 3-3-1

3.3.1 店铺商品拍摄图的应用标准

首先，对于一个科技感十足的内服品牌，可以说，蕉内的定位十分成功，如图 3-3-2 所示。

京东平台视觉营销

图 3-3-2

　　蕉内的视觉形象识别度极高，通过星球、科技空间、炫酷背景等视觉元素与产品特征相结合，成功打造了一个有科技空间站主题的品牌形象，其所展示的完全不同于地球上的生活状态，令消费者闻所未闻，充满着有趣的细节。成功地与竞争对手形成差异化、独具一格、过目难忘的品牌性格。

　　首先，我们来看产品主角的特征。第一次见到蕉内，便被抓住眼球的模特所吸引，如图 3-3-3 所示。

图 3-3-3

　　与以往看到的模特不同，蕉内在模特的选择上下足了功夫，一男一女一黑一白。女性皮肤健康白皙，妆面以清新淡雅的淡妆为主，自信从容。没有过多装饰和复杂的动作姿态，全身心诠释产品的"无感"特性。男性肤色黝黑，体态健康，与女性肤色形成鲜明的对比。最具识别性的是模特独具记忆点的发型，就像空间站中的机器人，让人过目不忘，男女组合不但很好地覆盖了受众群体，也成功地吸引了消费者的注意。

　　其次，我们来看店内海报图及产品图的拍摄。如图 3-3-4 和 3-3-5 所示。

图 3-3-4

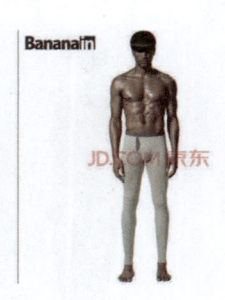

图 3-3-5

蕉内在产品的拍摄表现上相当统一。如 Logo 所在的位置、模特所在的位置、每部分在图片中的占比，以及中黄色、黑色为主色、浅灰色为辅色的搭配，产品和拍摄图之间的色彩关系，都做好了规划。

第三，产品的拍摄图适当地做减法。尽量摒弃杂乱无章的图形、颜色、素材，而要凸显自身的产品特点，为视觉做减法。另外，也要不断结合数据优化图片内要素的识别度及感染力，吸引客户点击，成为店铺的入口。

3.3.2　店铺 Logo 应用标准

确定 Logo 的横向、纵向组合方式、展示及应用标准，目的在于避免设计师在设计过程中私自拆分篡改 Logo 的形态，造成视觉传达障碍，这样可以减少很多不准确的视觉传播。如图 3-3-6 所示。

正确用法　　　　　　　　　　错误用法

图 3-3-6

3.3.3　制定店铺色彩应用标准

色彩是品牌的第一视觉，品牌的色彩如果杂乱不堪，整个店铺形象就会像杂货铺一样，看起来很廉价，规范主体色调的统一性，加深品牌识别度，是做好品牌视觉调性的第一步。

如同戏曲中的主角、配角一样。店铺的色彩也需要主色、辅色来明晰主次关系，塑造店铺色彩调性，基于蕉内代表的年轻人不卑不亢、聚焦于内、无感标签内衣的定位，设计上尽显科技风，在颜色的选择上，便选用了色彩鲜艳的黄色系＋沉稳的深色系来代表该品

第3章　店铺视觉营销

牌的色彩体系。如图 3-3-7 所示。

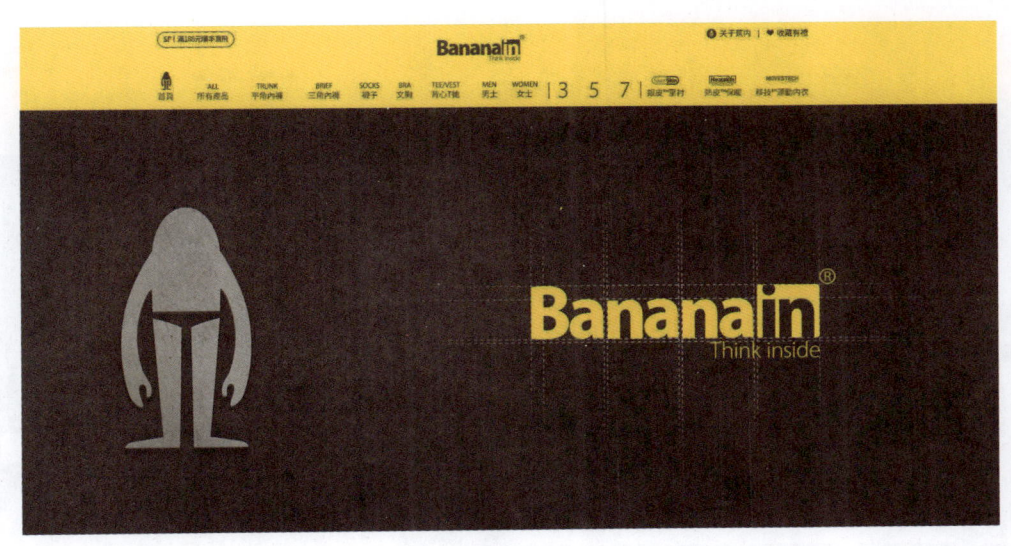

图 3-3-7

色彩是一种无声的语言，它可以将品牌所蕴含的价值观和内涵，以潜移默化的形式持续不断地向消费者传递。黄色是一个高可见度的色彩，因此它被用于健康和安全设备以及危险信号中。这个高可见是明显引人注目的，代表正能量的色彩，在屏幕中特别吸引眼球。黄色作为暗色调的伴色非常好。它可以极大地点亮一个黑色的设计，而且可以有类似于红色和橙色的那种不用加粗就可以吸引目光的效果。通过这样的色彩搭配营造科技、领先、聚焦的感觉，传递并实践一切和内在生活方式相关的先锋设计。如图 3-3-8 所示。

图 3-3-8

77

京东平台视觉营销

主色：黄色和深灰色，指占主要地位的颜色形成了主角色，一般来说，品牌名称、商标或商品的形象多以主色出现，首先被人记住，给人深刻的印象。如图3-3-9所示。

图 3-3-9

辅色：灰色，在店铺内起辅助作用，占画面的次要地位。辅助色可以有一种或者多种，用以加强色调层次，丰富色彩效果。辅色的灵活运用可以活跃店铺氛围，吸引注意力，但在设计中也要注意其所占的比例、面积、位置，切忌喧宾夺主。如图3-3-10所示。

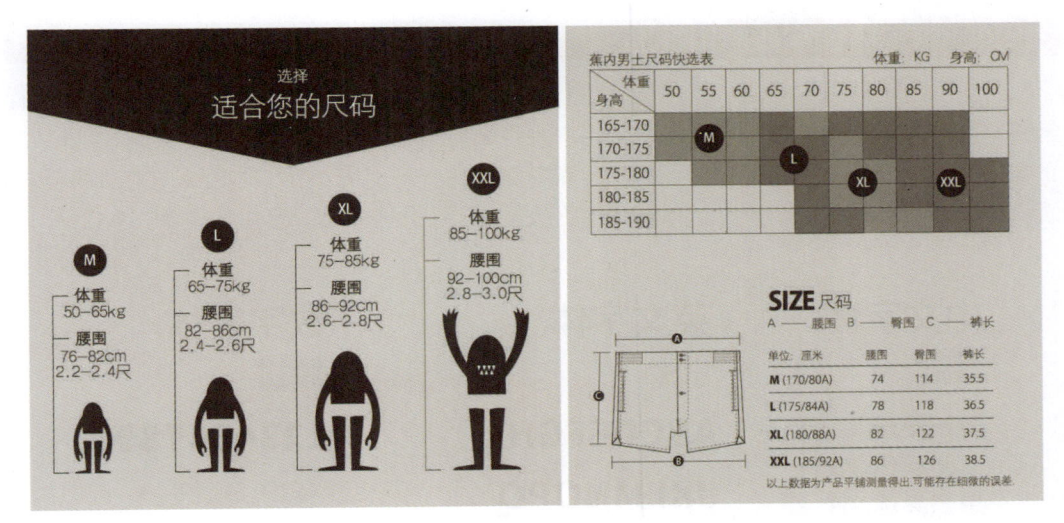

图 3-3-10

强调色（也叫点缀色）：黄色，在店铺内起强化视觉、引导阅读或点缀的作用，在整体色彩显得平庸单调的时候，不妨加入强调色，达到强调点缀的作用，以让平淡的页面充满活力。如图 3-3-11 所示。

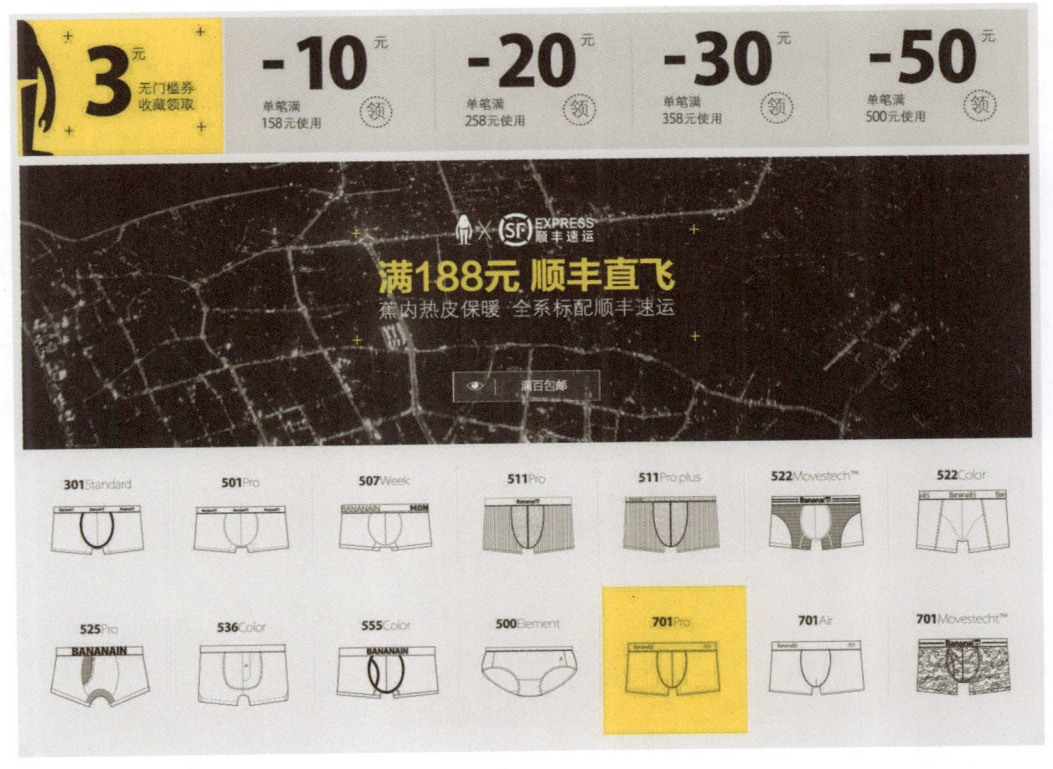

图 3-3-11

3.3.4 制定店铺字体应用标准

在颜色确定以后，第四步就是强化字体。字体代表着品牌的精神和文化，与色彩同样具有专属性和认知性。使用统一的字体将增大品牌的呈现力，文字被使用到标题、副标题、正文文字，以及数字、英文、价格标签等处，帮助强化品牌识别度。为了体现蕉内的品牌理念，设计师选择了同样简洁、科技、有先锋气质的无衬线字体——思源黑体。如图 3-3-12 所示。

图 3-3-12

从图 3-3-13 可以看出，蕉内通过使用思源黑体，将字体由细到粗、字号由大到小的变化，很好地体现了画面的节奏感与韵律感。这里需要强调的是，如果选用特殊字体，不管是标题文字、正文文字或是营销体系文字，建议读者购买字体的使用版权或使用免费商用字体，避免后续企业面临与字体商版权纠纷的风险。

图 3-3-13

3.3.5　店铺版式应用标准

字体标准制定好以后，需要将字体放进版面中，规划相同的、相似的基本形来进行版式的统一编排。蕉内在店铺内版式的设计表现上：全店的产品图、海报图统一一致的表现，构成手法的规范化（英文标题＋中文标题＋产品系列型号＋产品价格＋引导点击按钮），主题突出明了，避免了图片版式混乱带来的认知负担，背景简约，大大提高消费者获取信息的效率，也带给用户浏览顺畅的视觉体验。如图 3-3-14 所示。

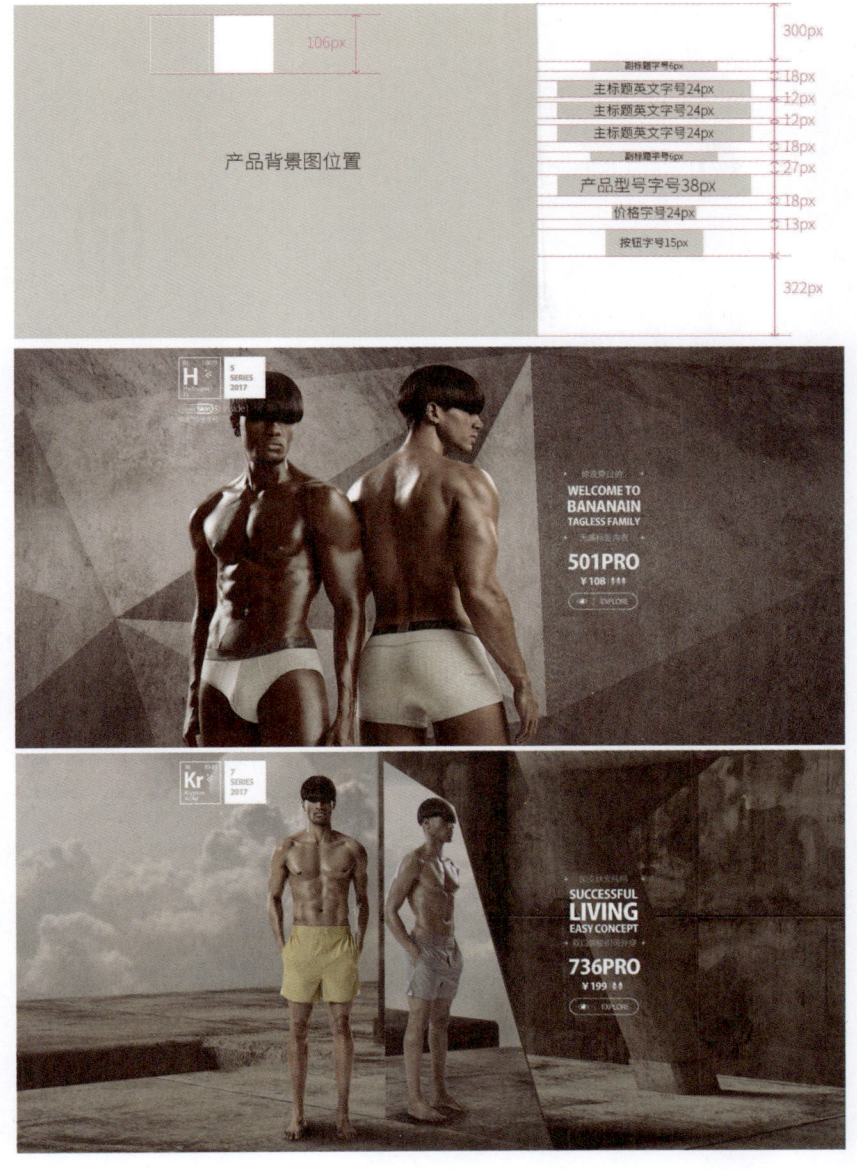

图 3-3-14

3.3.6 店铺符号应用标准

做好了色彩和文字的标准后,接下来需要提炼一种记忆符号,也就是品牌活体。制定符号的意义在于强化品牌识别性,不断唤起消费者对品牌的记忆。

比如蕉内的符号识别,一个"内"字,我们来看它是如何被抽象出来的。

蕉内的符号是一个"香蕉"形象,是"蕉"的发音表达;蕉内的符号是一个穿内裤的"猿人"形象,代表"回归本源"的心态;蕉内的符号是一个抽象的汉字"内",代表"聚焦于内"的品牌理念。如图 3-3-15 所示。

图 3-3-15

蕉内将独有的视觉符号展示出来帮助消费者记忆和识别品牌,并不断重复出现在各个位置,最终形成品牌印记。它被应用在店铺的各个位置,用最简单的符号重复解决问题。经过简单的重复,更容易成为记忆符号,更容易令视觉走向系统化和风格化。如图 3-3-16 所示。

第3章 店铺视觉营销

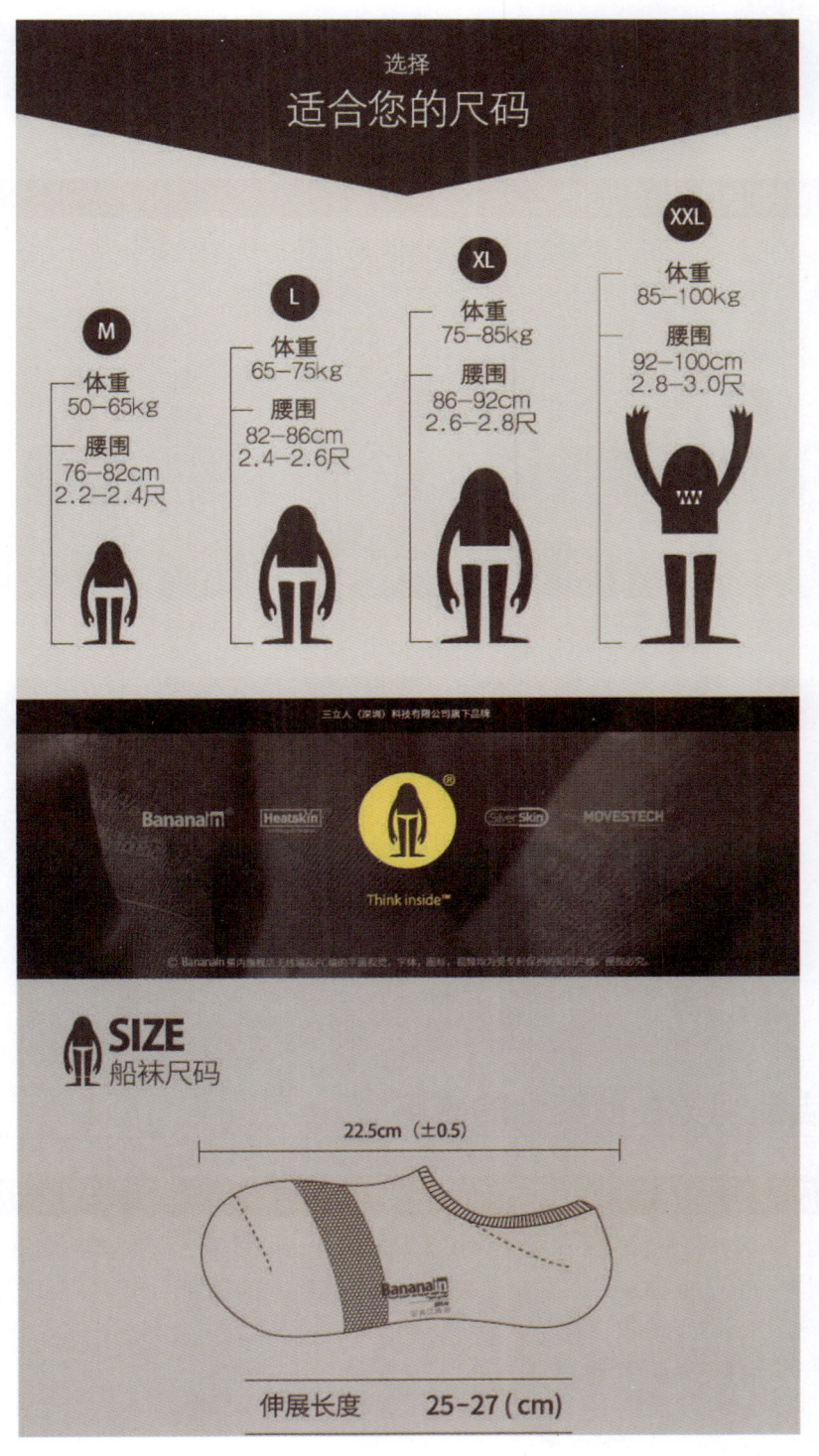

图 3-3-16

对于自身品牌符号的提取，建议尽量用比较具象的符号，具象的符号比抽象的符号有更大的传播力和商业价值。设计没有"画外音"，消费者没有机会听到解释，一个最直接、最简单易懂的符号，瞥一眼就能知道哪个是品牌的符号和其品牌。

3.3.7　店铺推广应用标准

店铺标签的使用是在产品或者店铺活动期间所使用的辅助性符号，统一的标签应用可以使店内图片更具系统化，展示统一的对外形象，如图 3-3-17 所示。

图 3-3-17

3.4　店铺视觉在首页中的应用

3.4.1　店铺视觉在 PC 端首页中的应用

基于 3.1 节的调研分析，在了解了内服先锋品牌蕉内的定位、竞争对手的视觉环境，以及消费群体特征的前提下，经过店铺运营人员对页面框架的梳理，可将以上规划好的应用系统和标准运用到首页的各个地方，通过整体的营造，使之更具风格化，传达统一的简约、休闲、自由的品牌形象。如图 3-4-1 所示。

图 3-4-1

店铺视觉——按步骤应用到运营人员框架中的顺序如下：

首先，从整体上看蕉内的店铺视觉，根据主营产品的特性，营造了科技、简约的视觉调性，在店铺视觉色彩上，主色为中黄色和一定占比的深灰色、浅灰色的辅助色所构成，这种色

京东平台视觉营销

彩体不断重复出现，贯穿于整个店铺首页之中，成功营造了整体的店铺视觉印象。如图 3-4-2 所示。

图 3-4-2

其次，细节上，在活动内容与重点信息的强调上适当地运用了比例较少的黄色作为强调色，瞬间把注意力集中在黄色上，集中在店铺活动的利益点上。而在背景色处理上，选用了辅助色的灰色调系列为衬托，页面留白比例适中，清爽通透，明确传达了品牌代表的科技、简约、领先的品牌理念。通过独有的色彩体系，第一时间抓住目标消费群体，加深用户对品牌的记忆。

1. 店招与导航

店招，即是店铺的招牌，是用来对店铺进行定位的。不但肩负着店铺的第一视觉印象，也兼顾着品牌宣导的作用，要凸显店铺的特色，更要清晰地传达品牌的视觉定位。如图3-4-3所示。

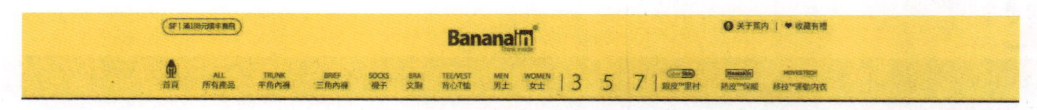

图 3-4-3

在店招与导航的设计上，黄色正是源自于蕉内品牌的标准色彩，同时使用深灰色的符号放置在导航右侧，引导消费者留意重要信息。整体设计上简约明了，科技感十足，简明扼要地展示了品牌简约、大气的形象。

2. 首屏轮播图

首屏轮播图。一般会展现出店铺当前活动的主题、具体利益点。首屏轮播图的视觉应用，需要调动色彩、版式、字体、形式感等综合的因素来营造视觉印象，它的画面不但有较强的视觉中心，还需要突出信息，达到文字精练、活动精彩的印象。轮播图在视觉上更需要延续店铺主色、辅色的应用，符合品牌定位，整体风格也需要延续"科技空间站"的主题性，科技、炫酷的视觉设计风格。如图3-4-4所示。

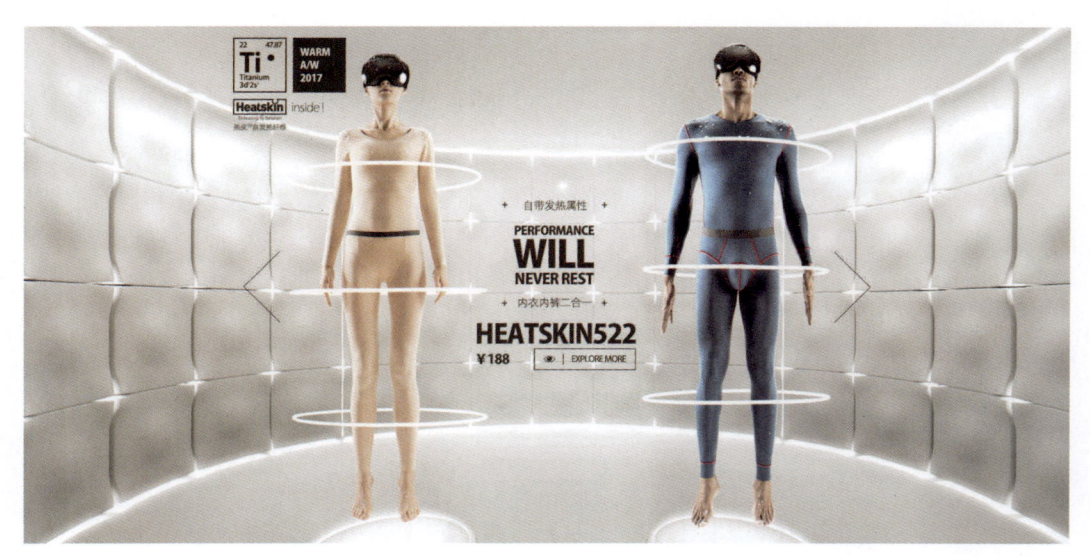

图 3-4-4

3. 店铺优惠活动

店铺优惠活动区域一般为多个活动点并列存在，因此，设计上通过面积划分强化了主色与辅色各色块切割与画面板块的层次性，让店铺活动信息看起来更加丰富，层次分明。如图3-4-5所示。

图 3-4-5

在字体的使用上，店铺内的正标题、副标题、正文的字体都已规范和统一，为了体现蕉内的科技时尚，选用无衬线字体，相比严肃正经的衬线体，给人一种休闲轻松的感觉，而且它们看上去"更直接、更简洁、更加符合定位"。在具体的使用上，蕉内根据信息的强弱程度，使用不同的字号大小，不同的字体粗细，能让页面看起来更加层次分明，有韵律感。

4. 主推产品区域版式

主推区、主推产品各模块的分布还是非常讲究的，如各模块的尺寸、以何种色块区分又不失整体格局、如何定义重点想突出的内容等。

蕉内品牌是通过模块的大小、承接图片、色彩的强弱来实现。主推产品的海报能够从颜色、排版、字体优化等画面设计方面，遵循与店铺整体风格一致的基础上，延续整个店铺的主要风格、主要调性。所以在主推产品海报的设计上要注意的是如何突出店铺的风格主题甚至主打系列产品，延续品牌色彩，从营销目的上，需要提炼功能卖点直击客户痛点，吸引注意力。如图3-4-6和3-4-7所示。

第3章　店铺视觉营销

图 3-4-6

图 3-4-7

由图可见，整体灰色，在深浅灰色的色彩搭配上传递了主推产品等信息，从产品图的拍摄、海报图的拍摄、视频的融合、颜色的搭配、模特的表现上能映射出蕉内品牌科技感十足、穿着舒适满足的品牌理念，视觉十分统一。

5. 店铺产品分类的视觉应用

下面介绍店铺产品分类如何将品牌基调与符号融会贯通。如图 3-4-8 所示。

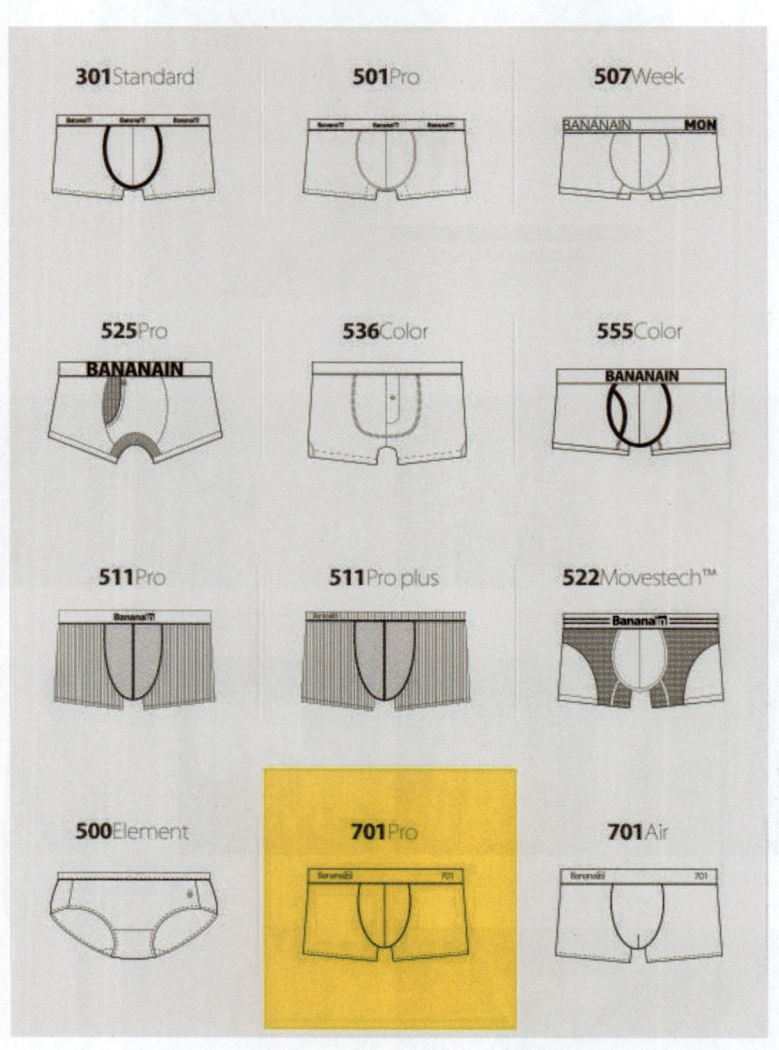

图 3-4-8

产品分类栏的设计，以辅助色浅灰色为底，将产品形态用简单易懂的深灰色线条图标表示出来，简约大气，科技感十足。这里的设计需要在遵循统一视觉的前提下让每个分类设计得更加清晰，简明扼要。

6. 店铺符号的视觉应用

通过图片设计可看出，蕉内的"猿人"元素已经变为品牌的记忆符号，应用到各个产品分类图、产品主图中，详情页面中的产品图片都在强化以及重复着"猿人"符号要素，当符号作为基本单元不断重复时，才更具风格化，更利于搭建系统化视觉感觉，形成特有风格。如图 3-4-9 所示。

图 3-4-9

7. 店铺底部应用

这部分主要是体现店铺相关服务类承诺，例如服务时间、发货时间等其他功能，目的在于提高店铺信任度，在色彩的运用上与店招首尾呼应，达到信息排版整齐、易读的目的。如图 3-4-10 所示。

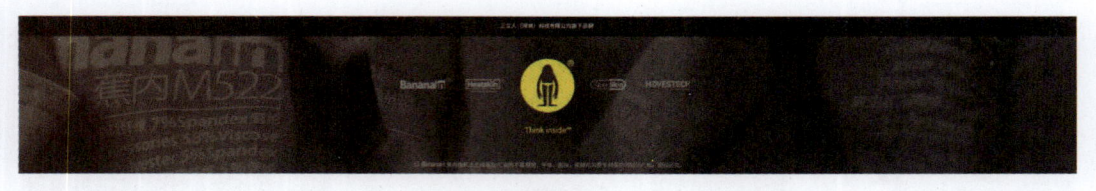

图 3-4-10

3.4.2　移动端页面构架运用逻辑

2017 年京东 618 年中购物狂欢节，来自移动端的下单量占比高达 83%（数据来源：京东大数据）。毋庸置疑，移动端的店铺视觉起着至关重要的作用。同样以蕉内品牌为例分析其在手机端店铺的视觉应用。如图 3-4-11 所示。

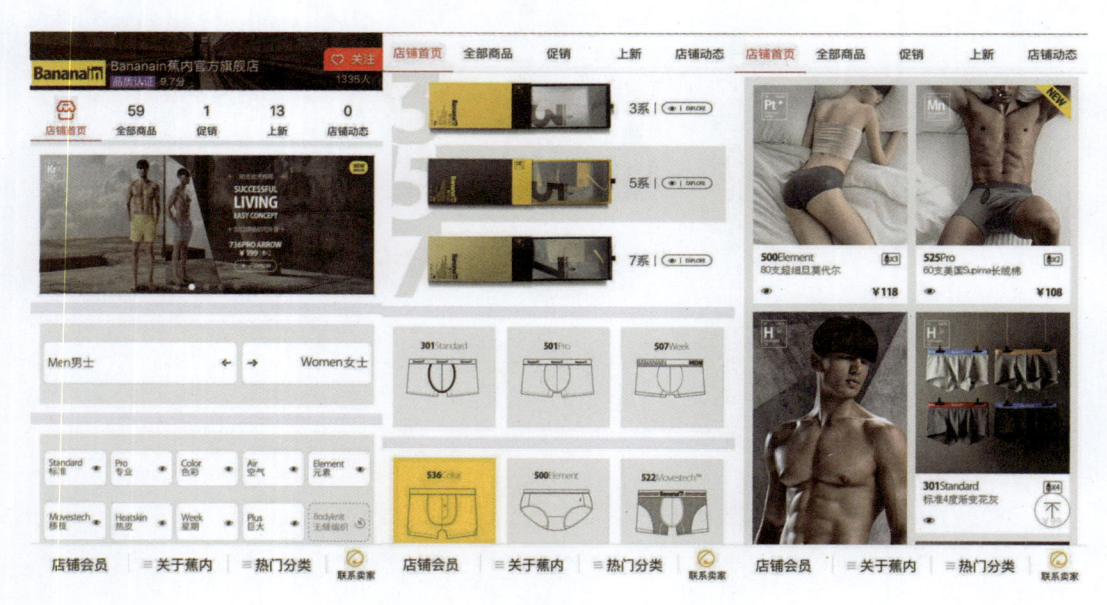

图 3-4-11

如上文所述，科技、简洁，是蕉内传达的品牌整体视觉调性。

在手机端，设计师同样运用了黄色、深灰色的品牌色彩，保持了品牌视觉的统一性和延续性；Logo、店内优惠券、海报图、分隔栏都统一地传达出品牌的整体形象。如图 3-4-12 所示。

第3章　店铺视觉营销

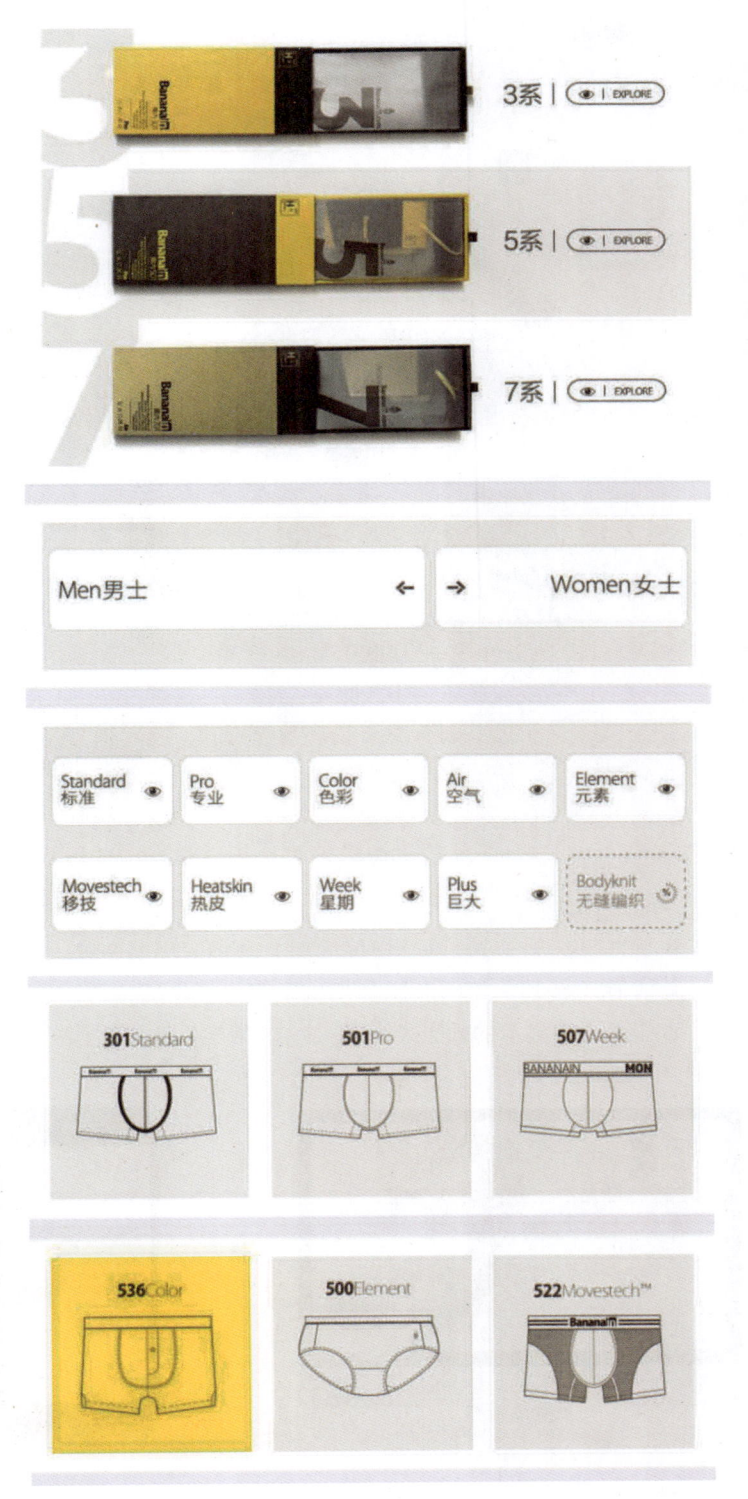

图 3-4-12

京东平台视觉营销

　　海报图的处理，同样延续浅灰色为背景和留白的使用，强化了品牌简约、大气的形象。如图 3-4-13 所示。

图 3-4-13

　　需要说明的是，PC 端屏幕大、内容多，采用的是横屏构图方法，而无线端屏幕仅是一小块屏幕，所以手机屏幕是区别于 PC 端（横屏构图）的竖屏构图逻辑，在 PC 端屏幕上觉得大小刚好的图或字，在无线端大概只利用到手机屏幕一小半的位置，使得在同样的视觉页面下，承载的内容在手机端展示的效果差别很大，如图 3-4-14 所示。

图 3-4-14

94

第3章　店铺视觉营销

再看一组对比图片，如图 3-4-15 所示。

图 3-4-15

　　图 3-4-15 中左图显示的是将 PC 端的设计图直接应用在无线端，可以明显地感觉到，同样的内容在无线端许多信息被缩小，图片和文字的识别力都比较差，不能很好地传达信息，也容易造成消费者认知障碍。

　　相比左图，右图是经过优化之后在手机端的展示效果。可以清晰看出，当一款成熟的 PC 端首页移植到手机端，需要考虑什么功能应该被砍掉、什么功能应该被保留，内容也应该更加简练。调整后的文字与图片的排版更加易读，大大提高了信息获取的速度，在一定程度上也提高了转化率。

　　根据右图的优化处理可以看出，在 PC 端横版构图的图片，展示的是左右式构图，左边是文字，右边是图片。而在移动端因为屏幕比较窄，最好将文字和图片的构成方式优化为上下构图才能更好地展示图片信息，保证信息准确、快速传达。如图 3-4-16 所示。

图 3-4-16

综上所述，手机端不仅要把握店铺视觉的调性，同时也需要注意信息及时、准确传达的效率，这样才能在狭小的手机端战场所向披靡。

第4章
商品视觉营销

4.1 商品卖点挖掘

商品卖点是商品功能点和消费者关注点的结合，是商品价值的体现，是电商产品变现的基石。商品卖点不仅需要满足客户需求，更要引导客户需求，甚至创造客户需求。对于电商销售来说，只能通过"视觉"展示商品卖点，这就需要以图片的形式将商品卖点提炼展示出来，以视觉的方式为消费者拟造体验感，达到商品变现的目的，"望梅止渴"就是最好的案例。

4.1.1 商品卖点挖掘的意义

商品卖点的挖掘是商品的价值体现，能够精准体现商品自身的价值和功用，打动消费者，使消费者买单。通过商品价值和功效的展示，可以加深消费者对品牌的认知，也更有利于品牌传播。

在挖掘商品卖点的时候一般会遵循诸如：领先原则、聚焦原则、创造原则、差异化原则等，以上原则的共同特点是在商品视觉营销中都做到了"人无我有，人有我优"。

通俗地说，做别人没有的，或在细分类目做出差异化，才能抢占市场占有量。如果商品处在"红海"市场中，则可以通过微创新与行业竞品拉开差异，同时可以将一个核心卖点做到极致，通过方方面面的论据去证实它，最终在细分类目中拿到市场份额。

如果有些商品卖点不够突出，或市场同类商品太多，就需要去创造属于自己的独有卖点，确认自己销售何种商品和服务，有别于竞争对手的地方在哪里，自己的独特性是什么，如此才能尽快地占领消费者需求市场，能够在一定的期间内保持独占优势，并且实现高利润。

4.1.2 商品卖点挖掘侧重点

商品卖点挖掘要围绕客户需求出发，可以试着使用第 2 章讲到的马斯洛原理分析客户需求，从"生理需求—安全需求—社交需求—尊重需求—自我实现需求"依次出发，站在消费者的角度分析商品，从不同的侧重点，去找到客户需求点的对应处。

下面从五个方面分析如何进行商品卖点挖掘。

1. 外观

对于商品来说，通常情况下第一眼看到的就是其外观，包括形状、颜色、外包装、整体风格等外在的内容，这些内容作为与消费者建立连接的第一触点，会影响消费者对商品的第一感受，而通常来说，第一感受发端于消费者的生理需求，即最基础的消费者需求。所以在外观设计上，就要面向消费者的基础需求有针对性地进行设计。

通过对竞品的观察与总结，找出商品外观与竞品的差异点，并在后期的文案中阐述差异点为消费者带来的好处，这种好处包含使用层面和心理层面。如图 4-1-1 所示，外观硬朗的手机与市面上较多的圆润外形手机的对比，体现出商品的独特性，获取一批喜欢特立独行的消费者的欢心。

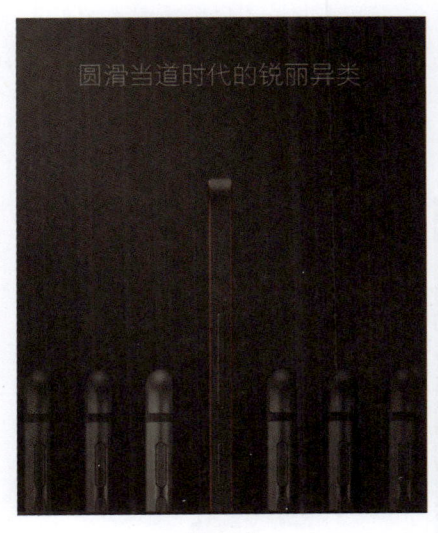

图 4-1-1

2．功能 / 功效

商品功能的实用性，也是消费者更加关注的卖点。在商品设计之初，就已经通过对消费者痛点的分析确定了商品的独特功能，在商品展示时，明确地告知消费者，独特的功能能够为消费者带来的好处。如图 4-1-2 所示，磁力吸附耳塞，避免了不用耳塞时，耳塞无处安放的困扰。这样的卖点足以打动一批消费者。

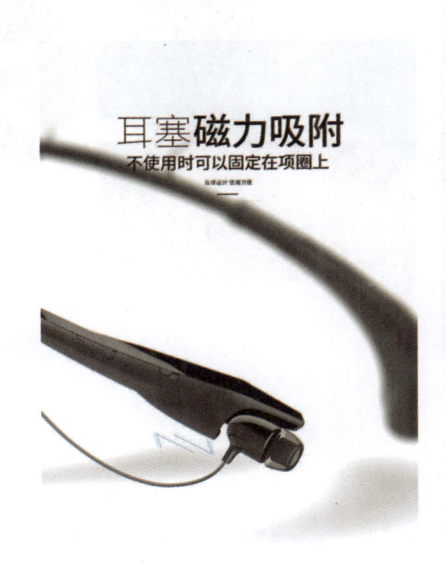

图 4-1-2

3. 工艺

对于一些品类的商品来说，工艺也是客户选择或者喜好的一方面。比如独特工艺、新工艺，能够提供给客户不一样的使用感受和心理感受。再比如有些传统工艺品，会以传统古法制作、纯手工制作等独特工艺作为卖点进行宣传推广，这些独特的工艺都是商品的加分项。如图 4-1-3、图 4-1-4 和图 4-1-5 所示，就是从商品的工艺方面进行了阐述。

图 4-1-3　　　　　　　　图 4-1-4　　　　　　　　图 4-1-5

4. 属性

在挖掘和讲述卖点时尤其需要强调商品的性能，如商品同竞品相比拥有的独特性能、人无我有的多重性能等，都是给商品加分的卖点，如图 4-1-6、图 4-1-7 和图 4-1-8 所示。

图 4-1-6　　　　　　　图 4-1-7　　　　　　　图 4-1-8

5. 心理需求

在满足基础需求之后，更要关注消费者的心理需求。举例来说，商品品类供应量越多，让消费者做出选择就越困难。如果是能够适应个性化需求或者由客户自由定制的产品，显然更易获取客户的支持和喜好。从马斯洛需求原理来看，这部分需求侧重于自我实现需求，因此也是商品销售策略的一部分，如图 4-1-9、图 4-1-10 和图 4-1-11 所示。

图 4-1-9　　　　　　　　　图 4-1-10　　　　　　　　　图 4-1-11

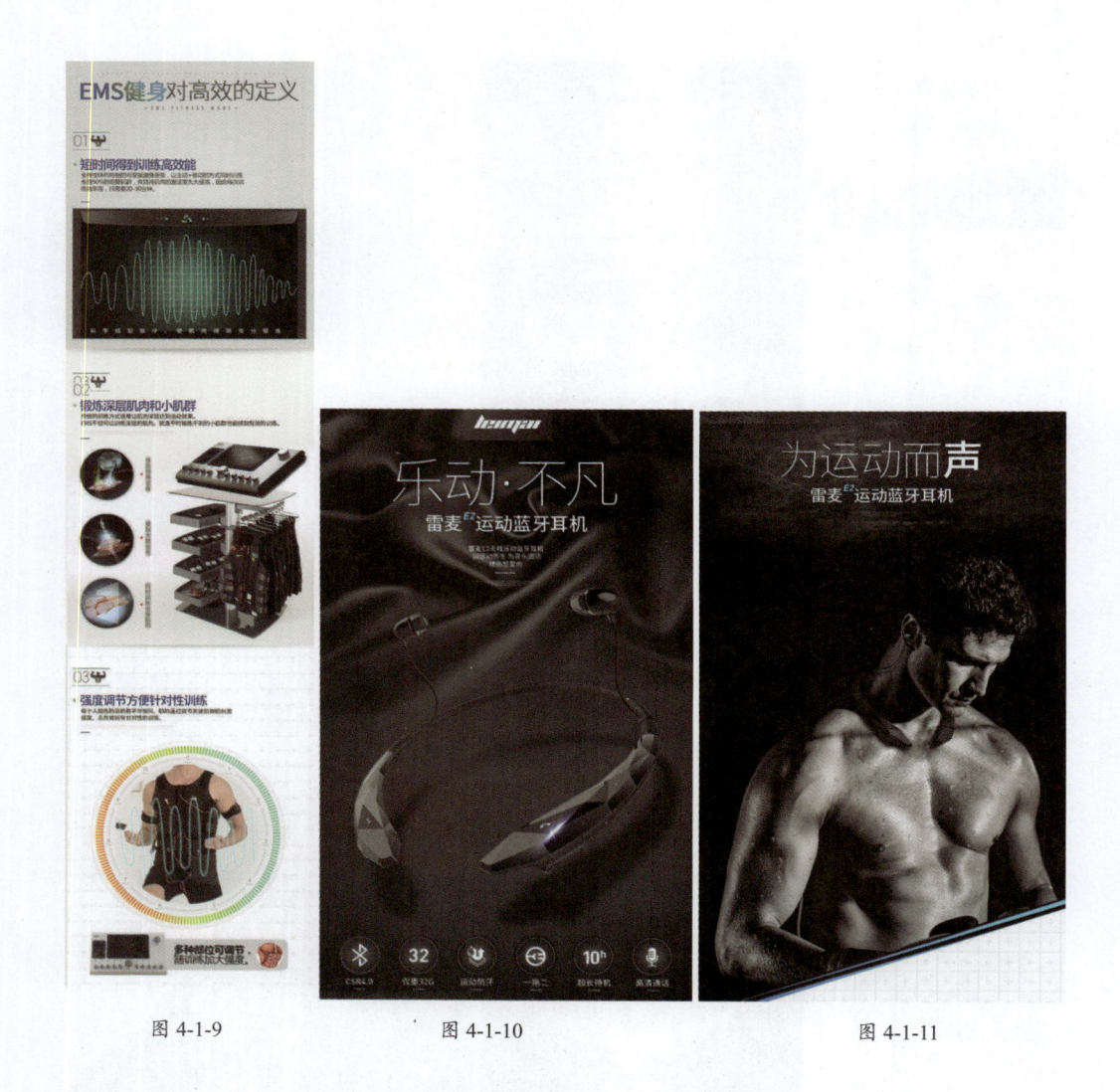

4.2　商品详情页视觉规划设计

商品详情页是影响店铺转化率的重要因素之一，从某种程度上来说，商品详情页相当于一名虚拟销售员，通过图、文、视频等方式向消费者推荐商品。有逻辑地推荐商品，会使商品更具吸引力，从而更好地提升消费者的购买欲望，因此如何规划设计有逻辑的详情页就非常有必要，也是本章讲述的重点。

4.2.1　详情页的页面逻辑

商品详情页的逻辑源于商家对于消费者心理的揣摩：引导消费者、满足消费者，甚至超出预期地满足消费者、打动消费者，实现转化成交。

1. 消费者浏览详情页的心理动机

每一个消费者的购物心态都是不同的，他们想在详情页中获取的信息也是不同的，一般分为以下三种情况。

（1）好奇心

这类消费者主要是抱着随便逛逛的心理，尚未有明确的购物计划，被主图、广告图或者价格吸引，驱使其点击进入浏览商品详情。他们虽然没有购买的欲望，但这种行为可以反映出他们在未来有可能会购买该类商品，只要商品介绍逻辑清晰、卖点突出、页面设计美观，也许就会在这类消费者心中种下一粒种子，使其成为潜在客户。

（2）货比三家

这类消费者正在选购此类商品，也正在与竞品进行比较。因此，在设计详情页时就要考虑到同价位竞品的卖点、竞品的差评等，以突出差异化，展现出高于竞品的优势，才会获得他们的青睐。

（3）需求匹配

这部分消费者购买意向强烈，进入详情页只是为获得更多的信息来辅助其挑选款式、尺码，以及获得最终的信任感。这类消费者更加关注商品的质量、款式、尺码，以及售后服务。

以上三类消费者，也可以说是消费者购物心态的三个阶段，商品详情页如果能够解决好这三种心态的疑虑，那么成交转化就不再是难题了。

2. 抓住消费者内心的详情逻辑

基于 AIDMA 法则的详情页逻辑框架。

如何说服消费者信任并购买商品，首先需要了解消费者购物时的心态变化。

在实体店购物过程中，商品的展示广告引起消费者的注意，商品的款式、功能引发其继续了解的兴趣，最后通过试穿、试用和细节工艺的介绍，唤起他们的购买欲望，辅之以品牌介绍和独特的服务加深消费者的记忆，最终促使消费者产生购买行为。

消费者在购物时这一系列的心理变化过程，被称为 AIDMA（爱德玛）法则：Attention（引起注意）>Interest（引起兴趣）>Desire（唤起欲望）>Memory（加深记忆）>Action（决定购买）。

将 AIDMA 法则应用于详情页设计中（见图 4-2-1），可以使详情页有逻辑地一步步引导消费者行为，从而更具说服力，触动消费者内心，促使消费者购买。

商品详情页页面逻辑

```
Attention 引起注意 ──┬── 促销板块
                   └── 商品主形象图
        ↓
Interest 引起兴趣 ──┬── 商品卖点解析
                  └── 商品色彩/款式
        ↓
Desire 唤起欲望 ──┬── 商品规格参数
                ├── 商品展示
                ├── 商品细节展示
                └── 商品包装展示
        ↓
Memory 加深记忆 ──┬── 商品资质
                 ├── 品牌故事
                 └── 服务说明
        ↓
Action 决定购买    消费者的购买行为会发生在上述浏览过程中的任何一个环节。
```

图 4-2-1

在介绍一款商品时,需要从多个角度来阐述商品的信息,这些信息可以归纳为几个板块:

- 促销板块——将该款商品的促销信息以图文形式展示,让没有注意促销信息的消费者产生意外惊喜。

- 商品主形象图——以氛围烘托商品的形象或突出商品主卖点,引起消费者兴趣,同时为商品定调。

- 商品卖点解析——从外观、功能、特点、风格等方面,满足消费者使用中的需求,解决使用中的问题。

- 商品色彩/款式——如商品有多色多款、多尺码,应优先展示,便于消费者快速选择并购买。

- 商品规格参数——商品的基本参数对比，会让消费者对于尺寸有更直观的感受。

- 商品展示——商品通过场景或模特多角度展示，给消费者一种带入感。

- 商品细节展示——将商品具有亮点的功能或工艺进行细节展示说明，突显商品的品质感。

- 商品包装展示——商品精美包装的展示，可以提升商品的品质。对于礼品型的商品，该部分可以前移优先展示。

- 商品资质——展示一些官方认证文件，提升消费者信任感。

- 品牌故事——通过易识易记的短句、词语、图片、形象让消费者快速记忆品牌，了解品牌内涵。

- 服务说明——解除消费者后顾之忧，对于一些易碎品类，可将有优势的物流服务说明前移，优先展示。

有了以上信息板块，再根据 AIDMA 法则，结合消费者的阅读习惯，有的放矢地规划这些版块的先后顺序。

在不同的品类中，消费者关注的重点也不尽相同，如家电类消费者大多更关注商品的外观与功能卖点；3C数码类消费者大多更关注商品材质与参数；服饰类消费者往往更关注材质与模特展示效果；运动户外类消费者一般更关注商品的做工与配件。因此在详情页规划设计时，要根据品类适当地调整各板块所占篇幅的大小。

4.2.2 基于详情页逻辑的走心文案

1. 文案策划的重要性

假如说详情页逻辑是指导电商视觉设计的中心思想，那么对于商品信息高度概括的详情页文案，就是精准的商品信息，使其能够切入消费者的心智。

电商文案区别于传统广告文案，更符合互联网思维，更迎合消费者线上购买心理与表达习惯。电商文案的撰写包括商品标题、详情页正文、广告语等。

电商文案的策划是指视觉营销的创意部分，是营销内容的根基与框架，通过前期的市场调查、人群画像分析、商品功能点提炼，以及行业或店铺、竞争对手的历史数据判断，决定视觉营销的整体创作方向。

好的文案策划，能够使消费者在浏览商品时，引起其注意，提升购买兴趣，增加对商品功能与品牌的记忆，促进最终成交，从而提升销售额。

2. 电商文案的构成及作用

根据 AIDMA 法则，电商文案可大体总结为以下五个模块。

（1）引发兴趣的模块

引发兴趣的模块主要在店铺的活动和商品的焦点图呈现，作用是突出核心内容，提升消费者浏览商品核心信息的速度。例如，商品核心卖点、名称、价格，商品的广告语、消费者受众的描绘等。

如图 4-2-2 所示，"拯救你的男人味"精准提炼并挖掘出消费者最大的痛点，二级文案"强效杀菌、根除异味、急速干爽"则展现了深层次的卖点，激发消费者继续浏览详情页的冲动。

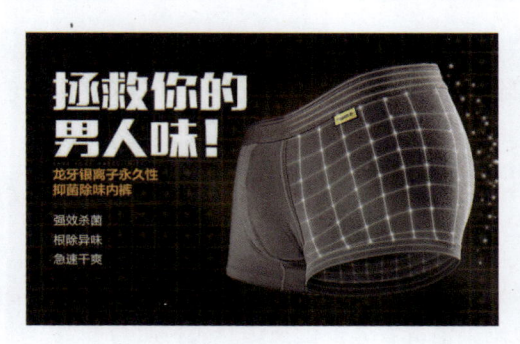

图 4-2-2

如图 4-2-3 所示，"改变自己"能够引起绝大多数消费者对自身美好愿望的设想，"从健身开始"，则会进一步让消费者联想到改变自身体形、改变气质等愿望。而"从 7+ 开始"的文案是在抛售一种健身新"概念"，引发消费者对健身方式的好奇，从而达到使其点击深入了解商品页面的目的。

图 4-2-3

如图 4-2-4 所示,"每一次露营"是还原用户的使用场景,"都看得见彩虹"一语双关,通过撞色的设计,让消费者迅速联想到该"水墨彩虹全自动双层帐篷"商品的同时,保留了极大的想象空间和对商品的美好期许。

图 4-2-4

(2)激发需求的模块

激发需求的模块主要呈现在商品详情页中,作用是找到并激发消费者的潜在需求。例如,还原商品的使用场景,引起消费者的场景共鸣,勾起消费者的购买欲望。

如图 4-2-5 所示,很好地还原了消费者的使用场景画面,或是午后的休闲时光,或是家庭成员小聚的温馨场合,文案"一口一个,想吃就吃"通过动词和心理状态的表达,与配图的结合,传递给消费者轻松与随性的体验。

图 4-2-5

如图 4-2-6 所示，通过手机展示和文案"一屏操控"的表达，还原了消费者便捷使用的场景，而且把商品的智能理念很好地诠释给消费者。

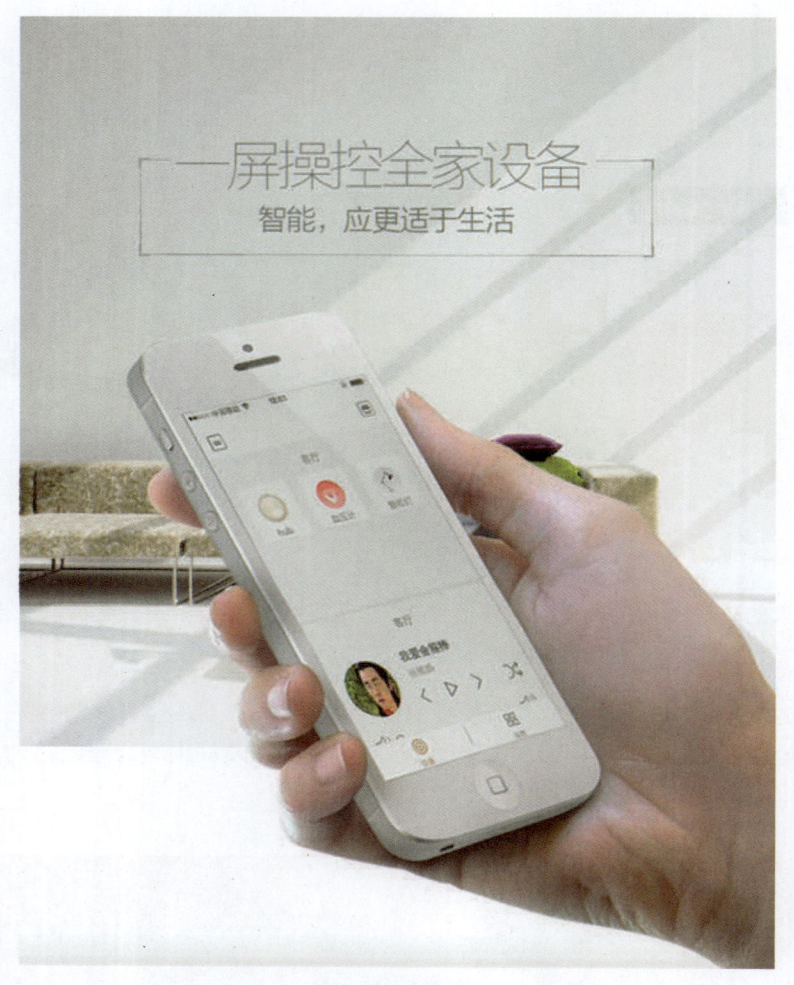

图 4-2-6

如图 4-2-7 所示，文案中"运动防汗设计"与图片中通过模特对场景的还原，使得消费者能够身临其境地体会商品最大的卖点。"轻度防水"与"轻松运动"也充分表达了商品便携的特点。

图 4-2-7

（3）增加信任的模块

增加信任的模块主要呈现在商品的大图、细节图、包装图等处，作用是对商品详情介绍，促进消费者购买决策，体现商品的价值观。

如图 4-2-8 所示，"还你真正男人味"，一语双关，让消费者思考深层次的卖点。

图 4-2-8

如图 4-2-9 所示,"乐动"取"动态随意之乐趣"之意,契合该运功耳机卖点。

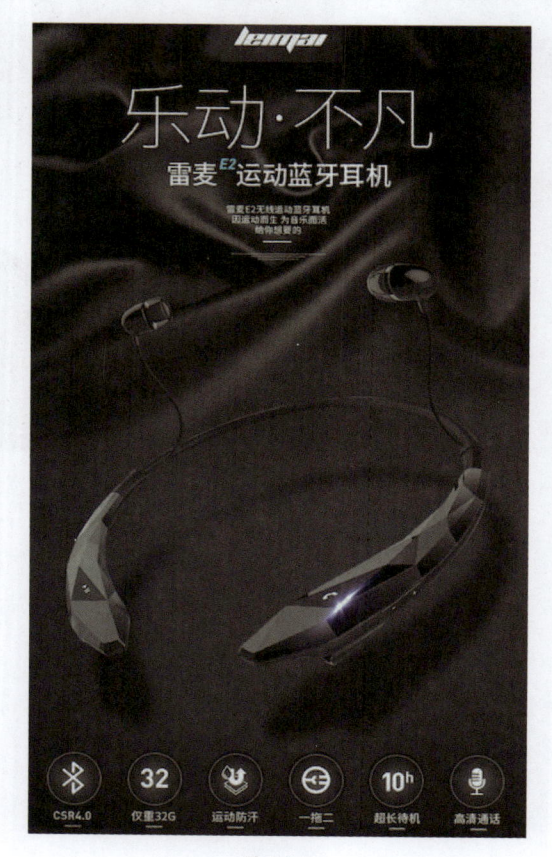

图 4-2-9

如图 4-2-10 所示,"耳塞轻量设计",配合耳垂一朵云,一眼就让消费者体会到耳机佩戴后如云端飘逸、舒适的感觉。

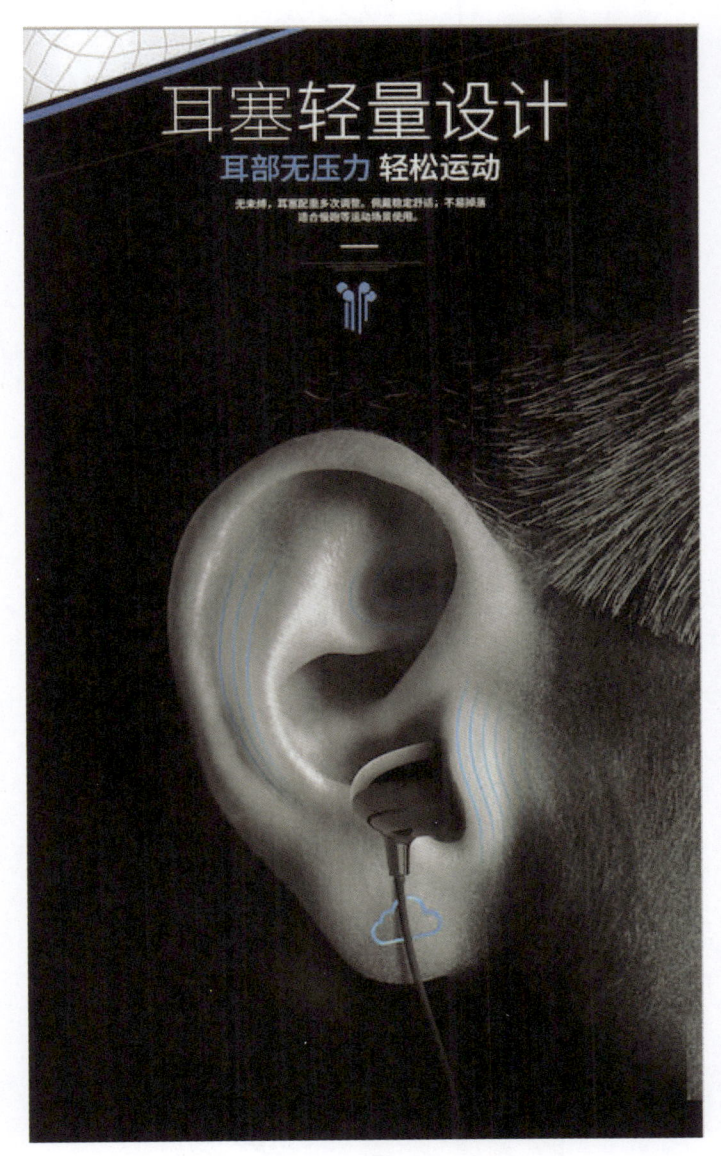

图 4-2-10

如图 4-2-11 所示,商品整图背景虚化,细节放大展示,让人一目了然了解到商品耳塞和凹槽的磁力吸附能力,使得消费者快速想象到使用场景。

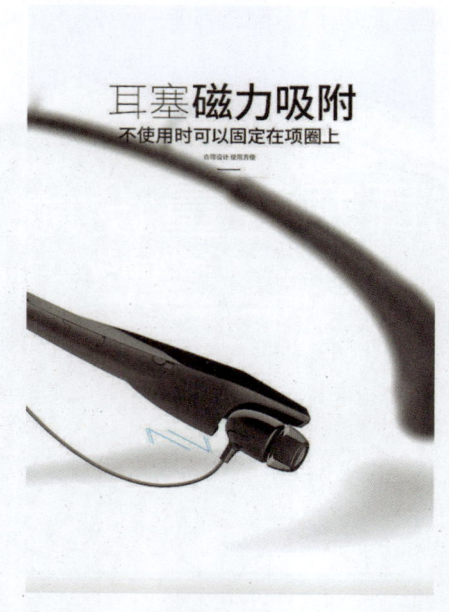

图 4-2-11

（4）打消顾虑的模块

打消顾虑的模块主要是在商品的行业证书、公司资质、公司实力、物流信息等模块呈现，作用是解决常见顾虑，如商家承诺、快递费用、到达时间等。

如图 4-2-12 所示，通过官方授权背书，突破客户下单前的最后一道防线，让其安心购买。

图 4-2-12

如图 4-2-13 所示，售后无忧，后续服务充分保障。

图 4-2-13

如图 4-2-14 所示，外观专利证书展示，凸显商品原创设计。

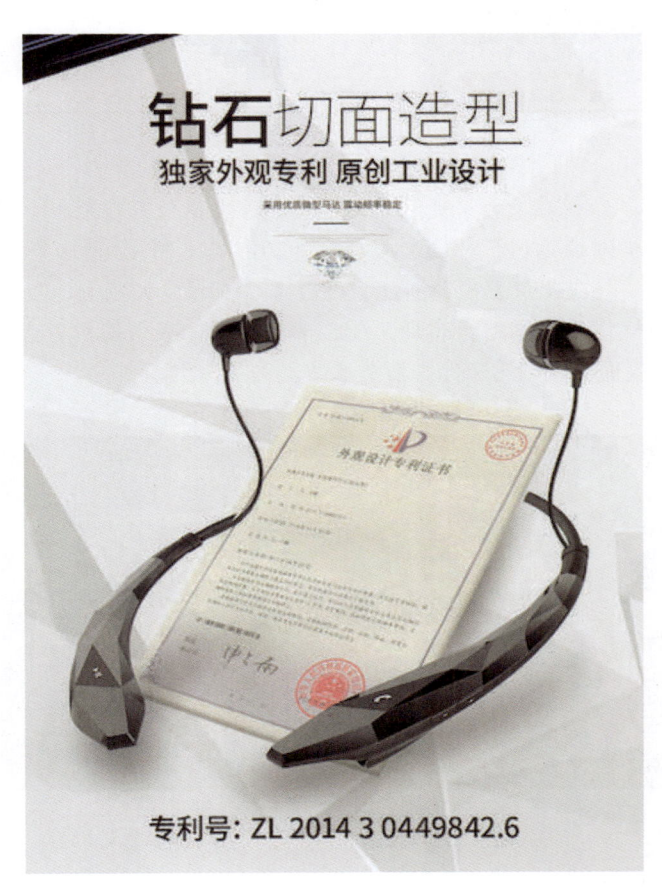

图 4-2-14

（5）促使下单的模块

促使下单的模块主要是呈现在商品的促销活动及套餐搭配等内容处，作用是让消费者快速下单购买。比如套餐优惠、赠品、店内活动等。

如图 4-2-15 所示，通过全面展示超值套餐及放大标志，让客户一眼抓到重点并为之心动。

图 4-2-15

如图 4-2-16 所示，《深夜食堂》是日本知名漫画家安倍夜郎在杂志上连载的治愈系漫画作品，作品曾多次被改编为日、韩同名电视剧。2017 年 6 月 12 日由华录百纳、风火石联合出品的《深夜食堂》在北京卫视、浙江卫视首播，引起巨大反响，收获诸多话题，图中商家正是赶在各大媒体为该剧造势时期，配合热点话题，吸引消费者点击，而跨店满 199元减 100 元的大力度促销，则迅速促进消费者做出购买决策。

图 4-2-16

如图 4-2-17 所示,"一起嗨钓一夏(下)"利用谐音诠释商品的夏季属性,在消费者深层次理解品牌调性的前提下,加上"每满 99 减 10 元"大幅度折扣诱惑,促使其下单购买。

图 4-2-17

4.2.3　形成运营与设计的详情页沟通框架图

在本书第 2 章电商运营思维部分,已多次提到设计师需要在项目策划环节即参与其中,但在很多中小型电商公司里,设计师因为种种原因并没有参与其中,往往是根据一堆商品照片和与运营人员简单、碎片化的沟通后,即依靠自己的臆想完成了整个详情页的设计,最终的呈现大多偏离了商品策划的初衷。

毋庸置疑,详情页的设计不能单纯依靠设计师完成,而是需要多个部门配合,共同策划、构思并准备素材,最终由运营人员进行汇总规划,并交由设计师完成视觉呈现。倘若是在充分了解消费者、商品的前提下,由运营人员整理汇总成基于详情页逻辑框架的沟通文档(一般采用灵活、轻巧便捷 Excel 文档格式,也可采用诸如 ProcessOn 这类在线作图工具平台),交付给设计师,设计工作势必事半功倍,如图 4-2-18 所示。

商品详情页规划框架图
(模拟案例：珍珠项链)

作用	版块	文案	画面要求
引起注意	促销活动	购买珍珠项链，送珍珠戒指一枚	展现赠品戒指
引起注意	商品形象图	珍心挚爱 精挑细选 匠心品质 优雅气质 专业鉴定	突出项链的高贵优雅
引发兴趣	商品主卖点	更似正圆的佩戴效果 只有正圆的1/3价格	展示项链正圆珍珠
引发兴趣	款式展示	适合才是美 多种规格可选 适合不同气质 秀气款:7～8mm适合偏瘦身材女士佩戴 精致款:8～9mm适合中等身材女士佩戴 雍容款:9～10mm适合相对丰满女士佩戴	不同尺寸款式项链对比
引发兴趣	尺码表	项链长度尺码表	参见项链长度测量模版与尺码表
引发兴趣	需求引导	爱之礼遇 这是一份珍爱好礼 我是你的掌上明珠 你是我的一生所爱	表现女儿对母亲的爱
引发兴趣	需求引导	爱有珍意 送朋友 送自己 送长辈 送领导	搭配匹配的人物图片
唤起欲望	包装展示	至臻好礼 精美礼盒 品质证书 礼遇佳品	展示礼盒包装
唤起欲望	商品信息	规格参数数据	加入珍珠圆度对比图
唤起欲望	商品资质	真品有保障 专业机构认证 严格把控品质	专业认证证书图片
唤起欲望	商品次卖点	倾心的美 源自12道精挑细选 平均6000颗珍珠中， 才能入选您这款项链中的一颗 表皮光洁 圆润饱满 强光泽	展现珍珠精挑细选的特点
唤起欲望	商品参数	商品参数说明	参考商品说明书
唤起欲望	商品细节	精致元宝扣 插拔方便 结实耐用 阿普式打结 防止珍珠之间的磨损	商品细节图
唤起欲望	模特展示	模特展示 模特身高 158mm 体重48kg 佩戴的为8～9mm 43cm的项链	模特图
唤起欲望	商品展示	商品展示	商品图
加强信任度	售后说明	略	
加强信任度	保养说明	略	
加强信任度	品牌故事	参考公司品牌说明	品牌形象图

图 4-2-18

此表格汇集了整个详情页的文案、设计逻辑、商品定位，以及创意启发等，可以很好地指导设计师完成后面一系列的设计工作。

4.2.4　详情页设计的风格与素材准备

在充分理解详情页逻辑、确定详情页设计中心思想的前提下，对商品信息进行梳理和高度精准的概括后，就要开始思考如何将文案、卖点用图像恰如其分地呈现出来，这就涉及设计素材的整理、页面的风格定位、素材的拍摄等准备工作。

1. 文案卖点图像化

电商设计师应具备一定的画面想象能力，即看到一句文案，能够想象出一个与之匹配的画面。

如图 4-2-19 所示，"触屏操作""一键选择百变烹饪模式"，设计画面展示为一只手指轻轻触控面板，配合文案精准传达了商品要表达的信息。

图 4-2-19

而在图 4-2-20 中，"仿人工智能冲刷"通过具象化的画面展示出来，在兼具趣味性的同时很好地展现了商品的卖点。

图 4-2-20

2. 详情页风格定位

商品详情页的设计风格不应是天马行空的,而要基于品牌、店铺的设计风格来定位,再融入商品本身的风格特点。合适的设计风格不仅能提升商品的气质,也可以加深消费者对商品的记忆并提升好感。

设计师平时应多多积累一些画面的形式感,形式感即是设计师对人们视觉习惯的洞察,比如设计运动类商品我们能想到倾斜的线条;设计中式风格商品,我们能想到一些中式的元素和竖排的文字,等等。

如图 4-2-21 所示,这是一款中式铜香炉的商品,主要针对的消费人群是中国传统香道文化的爱好者。对于中式传统商品,我们首先想到的画面风格就是中国风。中国风的元素有很多,我们需要选取与商品本身意境匹配的元素。这幅画面以古朴中国水墨山水画为背景烘托出品香时的心境。毛笔字体,竖排版,都是中国风设计常用的技法,同时,又加入了英文文案,营造出复古中又兼具时尚感的画面氛围。这样的画面氛围为这款香炉商品建立了独特的记忆点,也与消费者之间建立起情感上的连接。

图 4-2-21

如图 4-2-22 所示，这个画面采用了模拟的场景及富有冲击力的泥土飞扬的景象，充分强调了商品本身适合户外复杂地形的特性，使消费者通过画面就能感受到扑面而来的户外运动气息。

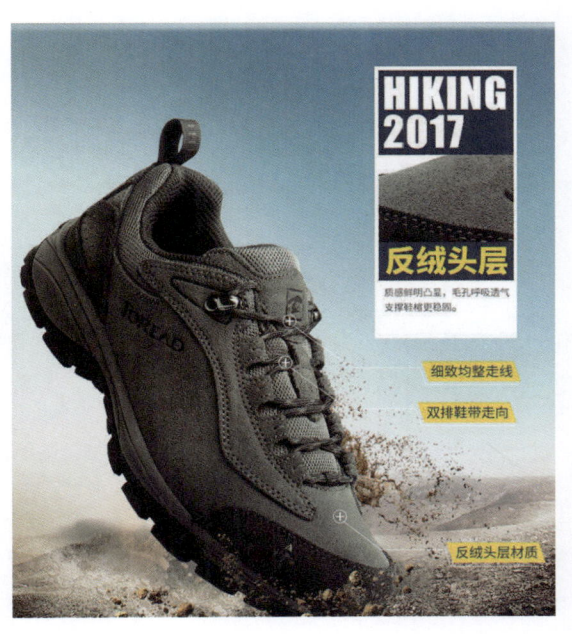

图 4-2-22

如图 4-2-23 所示，棉麻类商品一直深受文艺青年的偏爱，因此在设计这类商品的详情页时，采用清新素雅的设计风格，并配合文艺范的文案，可以快速地拉近与消费者的距离，取得他们的好感。

图 4-2-23

设计风格千变万化，没有最好的，只有更适合的，而设计师的价值就体现在从商品的特点中找到与之匹配的设计风格，拉近与消费者的关系，触动消费者内心，降低成交难度。

3. 商品素材拍摄

在日常工作中，电商设计师常常会遭遇这样的尴尬情况：拿到一堆商品的照片，却发现没几张可以用。造成这种情况，是因为在拍摄商品图片时就缺乏目的性和拍摄脚本。而拍摄的脚本恰恰来自于上文中提到的运营与设计沟通的框架图，如图 4-2-24 所示，根据页面的版块、文案、风格定位来确定拍摄方案。

第4章 商品视觉营销

作用	版块	商品详情页规划框架图（模拟案例：珍珠项链）		拍摄规划	
		文案	画面要求	摄影脚本	拍摄统筹
引起注意	促销活动	购买珍珠项链，送珍珠戒指一枚	展现赠品戒指	珍珠戒指 白底站立角度、平放角度 带丝绸背景	白底图 1.戒指平放 2.戒指立放 3.项链正圆摆放 4.颈部模型3款项链对比 5.项链珍珠表面细节 6.绳结细节 7.连接扣细节 8.包装盒开关 9.包装盒开正、侧 10.整套包装 11.证书
	商品形象图	珍心挚爱 精挑细选 匠心品质 优雅气质 专业鉴定	突出项链的高贵优雅	丝绸背景主形象	
引发兴趣	商品主卖点	更似正圆的佩戴效果 只有正圆的1/3价格	展示项链正圆珍珠	圆润珍珠	
	款式展示	适合才是美 多种规格可选 适合不同气质 秀气款：7～8mm适合偏瘦身材女士佩戴 精致款：8～9mm适合中等身材女士佩戴 雍容款：9～10mm适合相对丰满女士佩戴	不同尺寸款式项链对比	三种款式对比图	
	尺码表	项链长度尺码表	参见项链长度测量模版与尺码表		场景图 以丝滑光泽绸布背景 1.三款不同布景角度，需现场测试摆放角度 2.在丝绸背景上的项链细节
唤起欲望	需求引导	爱之礼遇 这是一份珍爱好礼 我是你的掌上明珠 你是我的一生所爱	表现女儿对母亲的爱	礼盒	
	需求引导	爱有珍意 送朋友 送自己 送长辈 送领导	搭配匹配的人物图片		模特图 1.模特佩戴项链正面 2.模特佩戴项链侧面
	包装展示	至臻好礼 精美礼盒 品质证书 礼遇佳品	展示礼盒包装	礼盒、礼袋、保证卡、证书展示图	
	商品信息	规格参数数据	加入珍珠圆度对比图		
	商品资质	真品有保障 专业机构认证 严格把控品质	专业认证证书图片	检验证书	
	商品次卖点	倾心的美 源自12道精挑细选 平均6000颗珍珠中， 才能入选您这款项链中的一颗 表皮光滑 圆润饱满 强光泽	展现珍珠的三个特点	项链细节	
	商品参数	商品参数说明	参考商品说明书		
	商品细节	精致元宝扣 插拔方便 结实耐用 阿普式打结 防止珍珠之间的磨损	商品细节图	项链元宝扣特写 项链珍珠间隙特写	
	模特展示	模特展示 模特身高 158mm 体重48kg 佩戴的8～9mm 43cm的项链	模特图	模特佩戴图，正面、侧面	
	商品展示	商品展示	商品图	丝绸背景，多角度展示 整体，细节	
加强信任度	售后说明	略			
	保养说明	略			
	品牌故事	参考公司品牌说明	品牌形象图		

图 4-2-24（扫描目录后面的二维码下载表格源文件）

商品拍摄的风格一般分为两大类：一类是白底图，另一类是场景图。

白底图：主要用于商品整体和细节展示，便于后期抠图。

如图 4-2-25 和图 4-2-26 所示，商品整体多角度白底图，用于展示商品的整体形态。

121

图 4-2-25

图 4-2-26

　　如图 4-2-27 和图 4-2-28 所示为商品细节白底图，包含商品形态、材质、结构、工艺、功能等方面。

图 4-2-27

图 4-2-28

场景图：可以给消费者一种代入感。通过使用场景来展示商品的形象、外观、功能及使用环境等。

如图 4-2-29 所示，这是两款保温杯的摄影照片，分别针对男性女性两类人群，照片中使用了与商品主体相似的色彩元素，布景也采用了与人群特点相匹配的元素，不仅提升了商品的形象气质，也加深了消费者的记忆。

图 4-2-29

如图 4-2-30 所示，这张男士手表的摄影照片，在布景上使用了与其人群定位相符的男性元素——雪茄、袖扣。这些元素组成的画面更具故事性，可以引发消费者联想出一个穿着钉扣衬衫、品着雪茄、带着腕表的商务男性形象，大大提升了消费者对商品的好感。

图 4-2-30

服饰类商品更多采用"模特+实景"的拍摄方式，因为消费者在购买这类商品时，更多会联想到在真实生活中自身穿戴该商品时的模样，所以选取与商品人群定位相匹配的模特与场景，更能够激发消费者的购买欲望。

如图 4-2-31 所示，这是张情侣家居服的摄影图，画面背景符合商品使用场景，模特人物符合商品的情侣人群定位，模特姿态能够唤起消费者对甜蜜生活的联想。

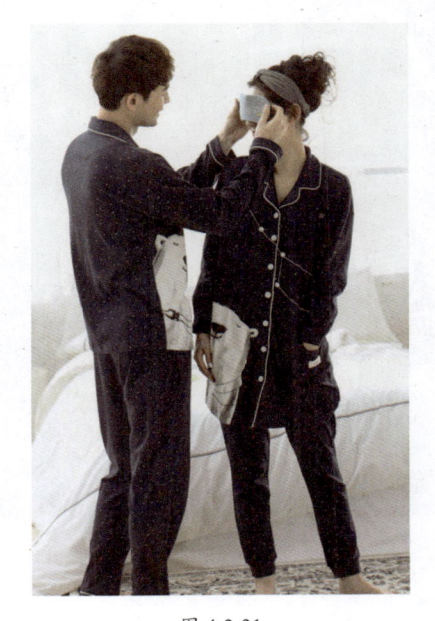

图 4-2-31

如图 4-2-32 所示，这是款清新素雅风格的女装摄影图，淡雅的场景和清纯的女生形象更能够衬托出商品的风格与特点。

图 4-2-32

如图 4-2-33 所示，这组女式运动装的拍摄场景设定在健身房，在商品展示上更易引起消费者的共鸣。

图 4-2-33

还有一些商品需要在详情页中展示使用方法，因此在拍摄中也需拍摄这类素材。一张商品的使用场景图，不仅能够交代商品的使用方法，而且能够提升商品的质感。

如图 4-2-34 所示，不仅展示了茶具商品本身，品茗的场景也烘托了商品清新素雅的气氛，无形之中提升了商品的档次。

图 4-2-34

如图 4-2-35 所示，通过模特的演示，将商品单手可持的卖点形象直观地展现出来。

图 4-2-35

如图 4-2-36 所示，通俗易懂地展示了商品可水洗的特点。

图 4-2-36

4．设计辅助素材准备

一张完整的商品详情页面，不止需要商品图片和文案，还需要一些辅助设计素材增加页面的丰富度、提升画面感，从而加深消费者的印象，引发他们的购买欲望。辅助素材主要是指一些图形、图片、字体等，这些素材也起到有效提升商品展示效果的作用。

如图 4-2-37 所示，图中的食材、柴火图片就是需要提前收集的辅助素材图片。这些辅助图片可以更加形象地体现出商品的卖点。

京东平台视觉营销

图 4-2-37

如图 4-2-38 所示，通过辣椒、地板、海景、阳光以及字体这些辅助素材的修饰，可以使整个画面更具趣味性和诱惑力。

图 4-2-38

以上图片素材主要是从网络图库中获取的，但在网络上搜索到的高清摄影图片都是有版权的，因此在获取这些图片时，要注意图片版权的问题，切勿随意使用，以免造成版权纠纷。建议设计师使用京东平台推出的京东商图，网址为 tu.jd.com（见图 4-2-39），这里有大量的正版图片素材供设计师挑选，且图片优质价格低廉。

图 4-2-39

此外，设计师也要注意字体的版权问题，字体可以选用一些网络开源字体，如思源黑体，也可以选用京东平台为商家提供的正版字体授权服务，网址为 zi.jd.com，如图 4-2-40 所示。

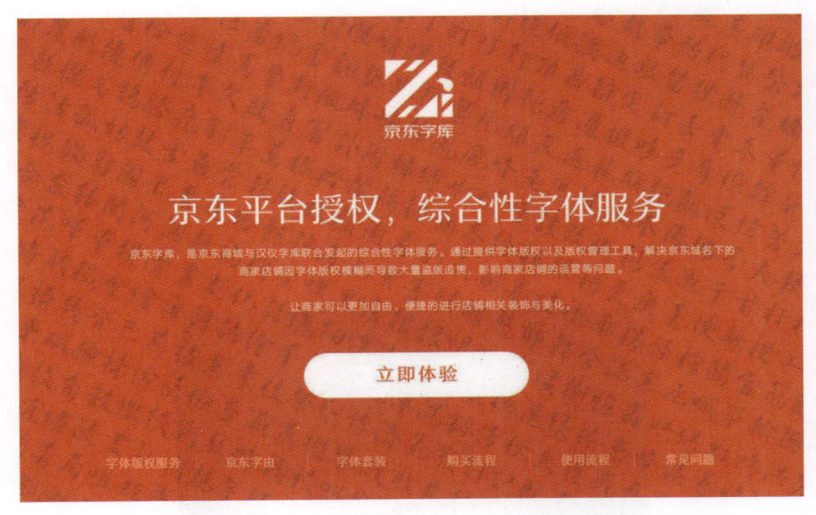

图 4-2-40

商品详情页设计作为一个系统性、需整体协调的工作，在设计师与团队沟通并充分了解商品卖点、商品人群的定位、设计逻辑，并做好文案策划、设计风格定位与素材准备后，才可开始详情页面的呈现工作。

4.3 商品详情页的设计方法

商品详情页的呈现风格有很多种，可能是复古的、现代的、商务的、卡通的，等等，这些都是设计表现手法，无非都是为了投其（消费者）所好，拉近与消费者的距离，让消费者在页面氛围中找到符合内心的需求点。

如何在详情页中使出浑身解数讨得消费者的欢心，总结起来不外乎以下几种方式。

4.3.1 用颜值诱惑他 / 她

爱美之心人皆有之，一张漂亮的商品图片会让消费者心生好感，引发消费者的兴趣，而详情页中的主形象图就担负着这项重任。

1. 惊艳全场的主形象图

详情页的第一张主形象图是整个详情页的颜值担当，也是整个详情页留给消费者的第一印象，尤其在京东平台上，主图不允许过度修饰的情况下，详情页中的主形象图就显得更为重要。如何设计一张高颜值的主形象图，切入点很重要。

（1）人群定调法

如图 4-3-1 所示，一款蓝牙音箱的形象图，在设计之初先根据商品的外观、颜色、功能等特点进行联想，发散出一系列具象化的词语，音乐、摇滚、音质、女性、青春、等等，然后再基于这些词语搜集素材，最终呈现出这张画面。

音箱中迸发出活力四射的年轻摇滚女性，既契合了商品的目标人群，又表达出该商品具有现场演唱会般的音质。"乐色撩人"的主题创意文案采用大众熟知的谐音成语"月色撩人"，副标题"致无乐不欢的青春"贴合了"致青春"这个社会热点话题，易引起消费者共鸣。整个画面在具备视觉冲击力的同时，又不失内涵，形象地展现了该商品所要传达的信息与特质。

图 4-3-1

如图4-3-2所示，一款针对年轻消费者的旅行箱，绚丽多姿的色彩，让人遐想无限的飞箱环游画面，无一不贴合了商品消费人群酷爱旅行的特点。

图 4-3-2

（2）卖点展现法

如图4-3-3所示，这款抽油烟机的主要卖点是双电机和四面环吸的超强净烟能力，因此在画面的展现上将双电机通过透视的方法展示出来，让消费者直观地感受商品的卖点，同时配以"双动力净境界"的文案再次强调商品卖点，加深消费者印象。

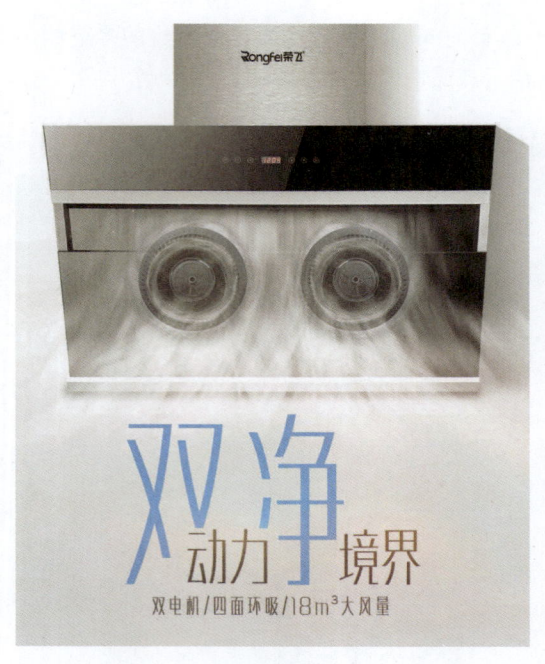

图 4-3-3

如图4-3-4所示，夸张、不失质感且极具视觉冲击力的画面，展现出商品百炼成钢的特点。

图 4-3-4

（3）氛围烘托法

以夸张的画面营造出吸睛的场景氛围，展现商品的气质或特点。

如图 4-3-5 所示，通过背景中隐约出现的猫诠释了商品的品名，犹抱琵琶半遮面的氛围，营造出钓鱼竿的神秘感，引起消费者继续阅读的兴趣。

图 4-3-5

如图 4-3-6 所示，游戏笔记本的主要目标消费者是游戏玩家，热血霸气的游戏场景与商品相结合，使画面更具视觉冲击力，也更容易引起玩家消费者的关注与好感。

图 4-3-6

（4）场景带入法

家具类的商品，消费者更关注使用时的效果。除了采用实拍的场景图之外，作为第一张形象图，可以通过艺术处理提升场景的展现效果，如图 4-3-7 所示，极具梦幻色彩的视觉场景会带给消费者内心的愉悦感，会大大提升消费者对商品的好感及购买欲望。

图 4-3-7

4.3.2 用情感融化他/她

详情页主要的篇幅其实是在与消费者进行情感层面的沟通,因为当消费者看到商品主图和价格的时候,往往是处于理性状态的,使用情感引导消费者进入感性状态,使其感同身受,才会激起消费者的购买欲望。

1. 直击内心的卖点图

所谓卖点,即商品的材质、款式、功能及外观中能够提升消费者对商品的利益、效用感受的特点。在视觉设计中,文案简明扼要地说明商品卖点,同时配以惟妙惟肖的图片,能够让消费者从切身体会去感受商品的卖点。

如图 4-3-8 所示,即图 4-3-1 中所示商品,竞品蓝牙音箱大都为塑料材质,因此这款音箱就把金属质感外壳作为主卖点,在画面中将商品四种颜色全部做展现,方便消费者快速了解该商品有多色可选,同时文案的背景色也采用金属质感色,把金属质感在整张画面中淋漓尽致地展现。同时,基于该商品的定位,具有个性的摇滚女性形象依然延续到这张图片中,侧面展现了金属音箱有型有范的特点。

图 4-3-8

一款音箱除了外观外,更重要的是音质,基于前文中提到的商品定位,图 4-3-9 这张画面延续了"摇滚"这个关键词,利用摇滚乐使用的乐器来展现商品的音质,同时辅以演唱会的现场氛围,来侧面表达音箱的音质犹如听演唱会一般真实。

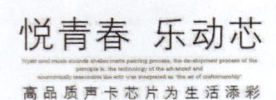

图 4-3-9

同样是音箱产品，另外一款木质音箱，也有着异曲同工的设计页面，如图 4-3-10 所示，为了体现浑厚的音乐质感，使用了音乐会场景作为衬托。

图 4-3-10

在展现商品卖点的时候，设计师不能一味地说"好"，多使用一些消费者耳熟能详的素材展现商品的优势，会起到事半功倍的效果，这就需要设计师平时细心地观察生活，总结经验。

2. 身临其境的场景图

商品的场景图分为两种情况：

一种情况是直接拍摄的场景图（见图 4-3-11、图 4-3-12），通过精美的布景或实景照片展现商品，使消费者联想到商品在真实使用时的情境；另一种情况是在没有拍摄场景照片的情况下，设计师打造出的商品场景图。

图 4-3-11

图 4-3-12

本节着重讲解后者，即在没有拍摄场景照片的情况下，如何打造商品场景图。

一种方式是将商品合成到角度合适的场景素材中，这种方法比较常见，需要在商品拍摄之前准备好合适的素材，供拍摄时参考拍摄角度。如图 4-3-13 所示，就是将拍摄好的烤箱合成到橱柜的素材中。

图 4-3-13

另一种方式是通过合适的素材场景图，使消费者联想在此场景中使用商品的情景。如图 4-3-14 所示，通过不同场景的意会引发消费者联想，产生场景代入感。这种画面更具设计感，同时也更方便设计师的执行。

图 4-3-14

场景的设计源于对商品深层次的理解，以及对消费者内心的洞察。但是往往我们在设计商品详情页的时候，只专注对商品本身的介绍，而忽略了商品与消费者之间的情感联系。以抽油烟机商品为例，我们分析一下消费者购买时的背景情况，购买抽油烟机的消费者大部分都是为了新房装修，可能是即将结婚的情侣，也可能是即将搬入新房的夫妻，他们都对未来的温馨生活充满着憧憬，那么设计师如果在页面中展现一些温馨的家庭场景，会引起消费者共鸣，唤起消费者内心感性的一面，加强消费者对商品的好感度。

如图 4-3-15 和图 4-3-16 所示的详情页，我们会发现这两款详情页中融入了大量温馨家庭画面，使得整个详情页具有了很强的场景代入感，而不是一张生硬的产品说明书。

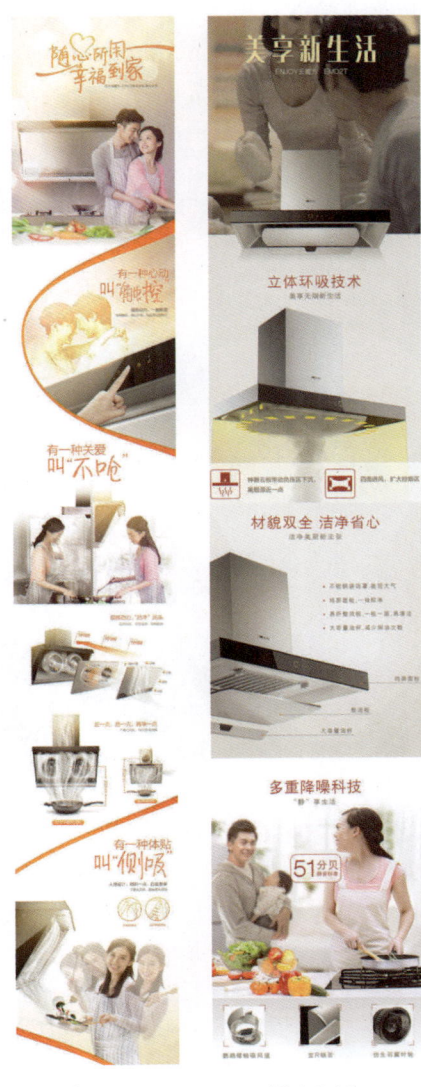

图 4-3-15　　　　图 4-3-16

场景图可以大大提升消费者的购物欲望。同理，如果是设计运动山地车，可以加入一些户外骑行的实景照片。如果是渔具商品，可以加入满载渔货的照片。在此就不一一列举了，希望读者能够举一反三。

3. 引起共鸣的品牌故事

在很多商品的详情页中，品牌故事犹如鸡肋一般存在。前面章节多次提到过品牌对于店铺的意义，因此任何有助于提升品牌形象、加深品牌记忆的事情都值得去做，详情页就是非常好的窗口。

品牌故事重复地出现在每款商品的详情页中，有助于加深消费者的记忆，但是在电商购物的环境下，每一张图片、每一句话都会挑战消费者的耐心、抢占消费者的时间，尤其在移动电商时代，品牌故事不再是一个简单的故事，而是一种理念，通过简明扼要的一句话、一个词、一张图甚至一个形象让消费者易懂易记。

如图 4-3-17 所示，素雅的商品图片配以复古风格的文字排版，让消费者感受到品牌的风格定位，"生活中温暖的美好道具"的品牌定位，唤起目标消费者内心共同的生活向往，并且简洁易记。

图 4-3-17

三只松鼠以其萌宠的形象定位，红遍电商界。如图 4-3-18 所示，三只松鼠商品详情页的结尾处都会呈现这样一张图片，拟人的对话，亲切可爱，远比介绍三只松鼠品牌来历更易读、易记、易受欢迎。

图 4-3-18

可以发现这些新晋网络知名品牌，越来越多地通过个性化、简洁化的方式在详情页中展示品牌故事。如果无法让消费者记住这些简单的图形和文字，那就更别提长篇大论的品牌背景和发展历程了，而这也符合新一代电商消费群体的阅读习惯。

经典传播理论告诉我们：多即是少，越是不舍得抛弃非关键信息，到达消费者脑海中的信息就越少，因此"削尖"品牌想要传达的信息，成为简单易记、易传播的品牌理念才更重要。

4.3.3 用细节征服他/她

细节决定成败。商品和服务的细节都会成为影响消费者购买的重要因素，因此在详情页的设计上，要多多揣摩消费者的心思，在细节方面征服他/她。

1. 深入浅出的功能说明图

对于商品的功能介绍，应该形象化，拒绝如说明书般枯燥的功能介绍。

如图 4-3-19 所示，就是典型的反面案例，图中将太多的功能汇集到一张图片中讲解，导致图片多、文字多，这样的画面，消费者根本没有耐心阅读。

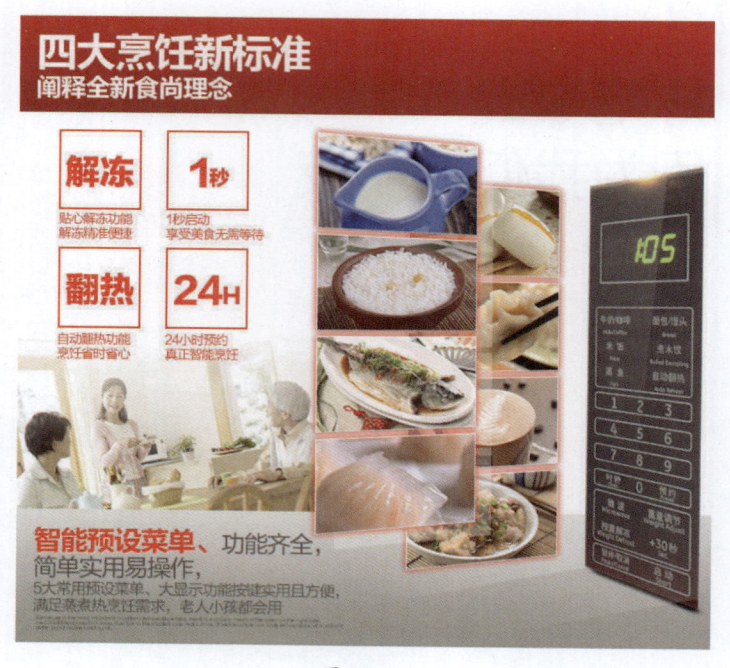

图 4-3-19

而如图 4-3-20 所示，将解冻这一功能一步一步形象地展现出来，让消费者阅读起来无压力，有趣味。

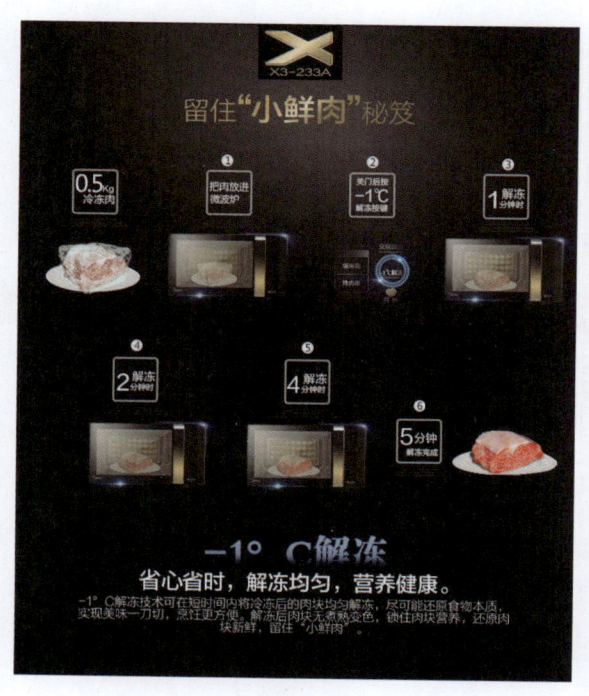

图 4-3-20

目前京东平台已经支持 GIF 动图在详情页展示，因此在展示商品功能时，使用 GIF 图片，效果更佳，如图 4-3-21 ～图 4-3-23 所示。

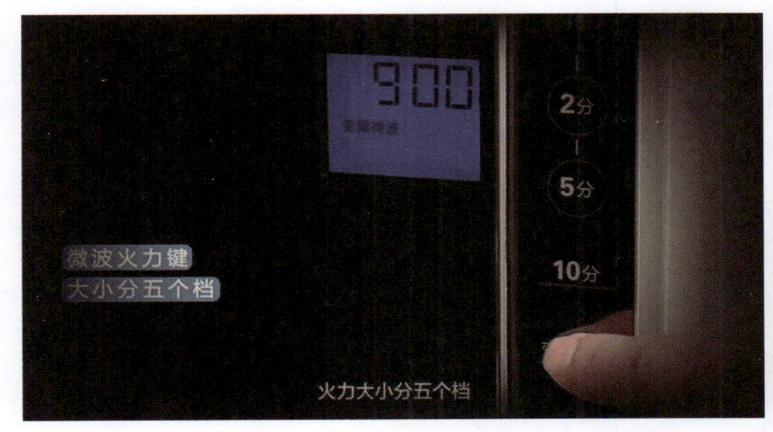

图 4-3-21　　　　　　　　　　　　　　　（扫描二维码查看动图）

图 4-3-22　　　　　　　　　　　　　　　（扫描二维码查看动图）

图 4-3-23　　　　　　　　　　　　　　（扫描二维码查看动图）

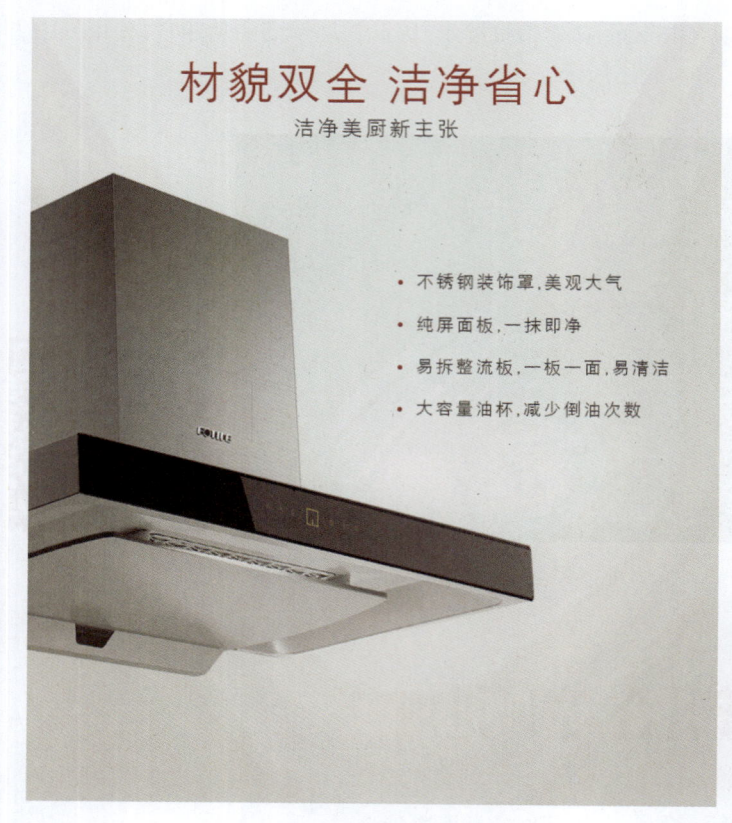

2. 叹为观止的工艺细节图

工艺细节主要指的是商品的材质或工艺造型方面的细节，此时需要给消费者以视觉上的强大冲击力和满足感，使用局部放大的方式，会让商品显得更有质感，更具视觉冲击力。至于文案方面，需要更加精简，不宜赘述。

有时候一些细节唯美的照片，无须太多的文字赘述，让消费者自己去感受，会达到无声胜有声的效果，如图 4-3-24 所示。

第4章　商品视觉营销

细节之美

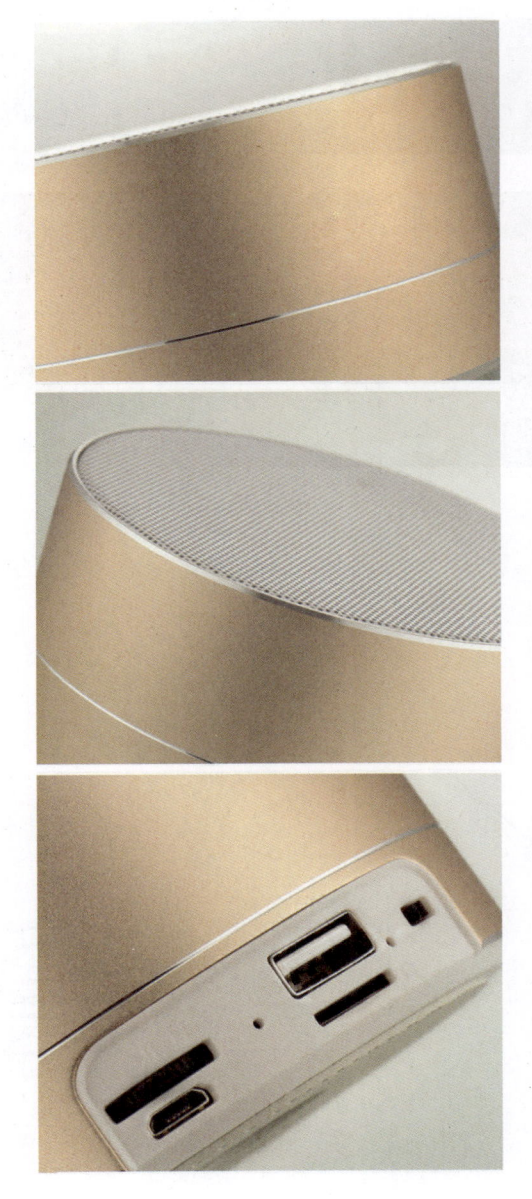

图 4-3-24

商品细节的展示尽量做到主次有序，图 4-3-25 中的商品每个角度的浮雕细节都不同，多张细节图片主次有序地展示，使得画面更具节奏感。

另外，在此处需要注意图片的品质，不要因为图片的局部放大而造成图片模糊。

145

图 4-3-25

在描述商品细节时，还要尽量保证所描述的细节部分处于画面的中心，如图 4-3-26 所示。

图 4-3-26

此外，不要在一个画面中描述多个细节，这样会导致细节不突出，缺少质感，同时也会显得画面很凌乱，如图 4-3-27 所示，就是一个反面案例。

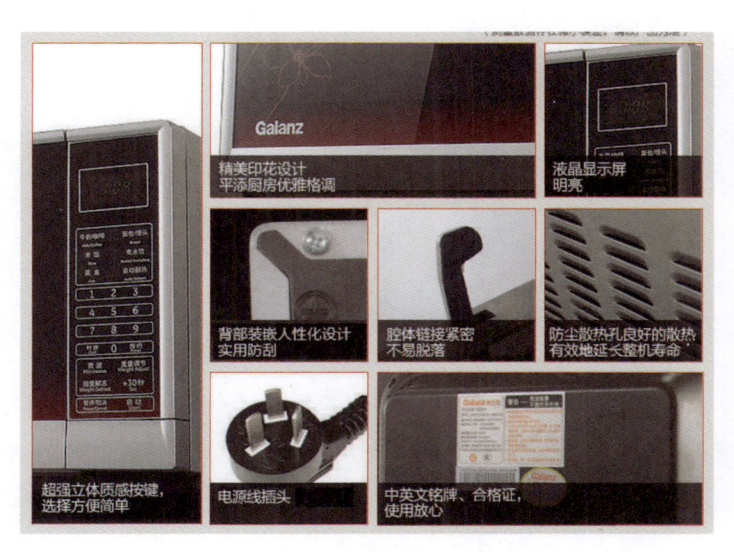

图 4-3-27

3. 体贴细致的服务说明

服务一般包含包装服务、运输服务和售后服务，运输服务涉及包装和物流公司，对于一些易碎品，客户会更加关注包装是否安全。在设计上加入商品快递包装的图片与说明，在一定程度上会减少消费者的顾虑，如图 4-3-28 所示。

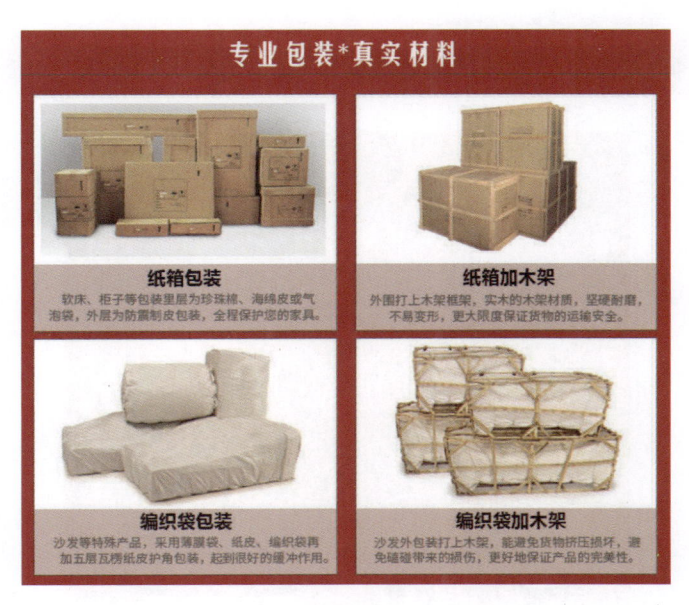

图 4-3-28

如果商家使用的是京东快递这样具有明显优势的物流服务，在详情页中将此优势展示，也会大大提升消费者的好感度，如图 4-3-29 所示。

图 4-3-29

在售后方面，退换货承诺、时效承诺、延保服务等都是消费者会关心的问题，如果商家提供了这些方面的服务，也要在详情页中做出展示，如图 4-3-30 和图 4-3-31 所示。

图 4-3-30

第4章 商品视觉营销

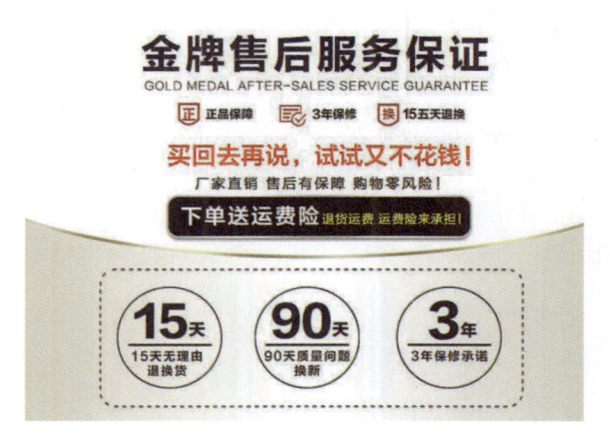

图 4-3-31

4.3.4 用心留住他/她

消费者离开详情页并且没有购买该商品,我们称之为"跳失"。导致消费者跳失的原因有很多,大部分是因为商品性价比不符合消费者心理预期,也可能是因为商品款式并没有彻底征服消费者。这时就需要想尽办法留住消费者,并促使其成交。

1. 极致诱惑的促销活动图

商家在店铺中会设置很多促销活动,但是这些促销活动,在商品页面的展示效果有限,对于一些粗心的消费者来说,可能不会留意到这些促销活动的存在。因此设计师可以有所选择地将一些促销活动融入到详情页中,给那些粗心的消费者一些明显的提示,有助于提升转化率。

赠品展示。如图 4-3-32 所示,在一款头盔详情页的顶部优先展示出赠品海报,可以先行获取消费者的好感。

图 4-3-32

149

搭配套餐。在详情页中间，出其不备地推出可搭配购买的辅助商品，也有助于提升客单价，但搭配要注意符合常理与商品互补性。

图 4-3-33 中，在 BB 霜商品的详情页中间，告知消费者买一送一的促销活动，会更容易提升商品的转化。那么为什么会有这样的效果呢？我们可以从消费购物时的心态来分析，当消费者愿意浏览到商品详情页的中间部分时，说明此消费者对该商品有了一定的认可度，此时再抛出一个促销信息，会减少消费者的顾虑，促使其下单购买。

图 4-3-33

2. 留住消费者的关联广告图

（1）关联的思路

商品详情页面承载着进入该页面的全部流量，潜在消费者在商品页进行浏览、发起咨询或下单购买，也有可能不感兴趣，浏览后关闭页面。而流量在店铺停留得越久，转化的概率就越大。因此，制作关联图片，让流量在店铺各子页面之间流转，才能尽最大可能降低跳失率并实现转化达成销售。

商品关联的常用形式有同类关联、品类关联、跨类关联、活动关联等。

同类关联，是指与主商品功能、属性类似的商品关联。如图 4-3-34 所示，主商品为电子烟，关联产品也是电子烟。它们在外形和能耗上有一定区别，但商品功能是一致的。这类商品关联能够极大地满足消费者的多样个性化需求。

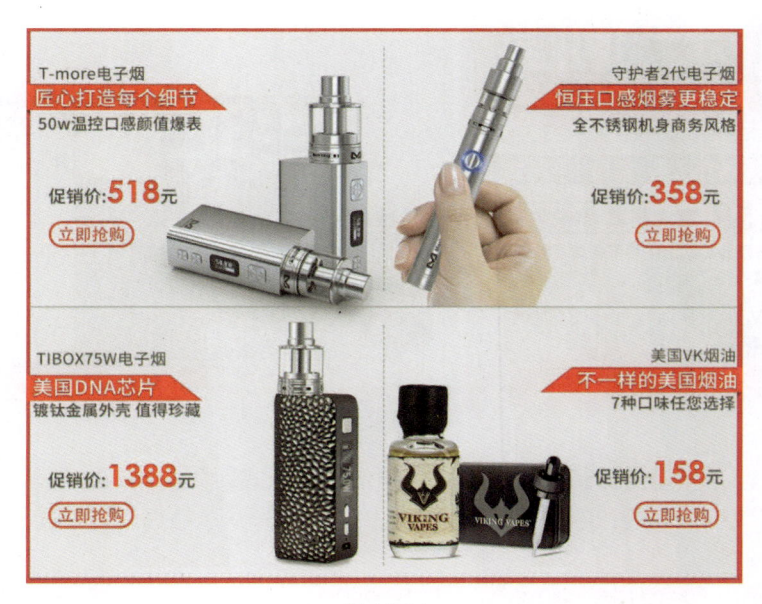

图 4-3-34

品类关联，是指关联的商品同属于一个品类，但每个商品的功能作用都不一样。如图 4-3-35 所示，主商品为洗面奶，关联商品可设置化妆水、乳液、眼霜等需要搭配使用的商品，客户有很大可能成套购买。此类关联适合跨品类数量较多的店铺，能够有效提升客单价。

图 4-3-35

京东平台视觉营销

跨类关联，是指关联的商品功能或属性与主商品不同，主要目的在于搭配销售，增加客单价。如图 4-3-36 所示，客户购买袜子后，很有可能再购买内裤。

图 4-3-36

活动关联，是指以宣导活动、促销为主题信息的版式。如图 4-3-37 所示，时逢 618 年中大促，针对大促活动设计专门的关联版式入口，将流量从单品页中引导过去。

图 4-3-37

（2）关联版式常见的几种设计风格

九宫格式。如图 4-3-38 所示，该风格版式产品展示比较整齐，但重点不突出。

主次有序。如图 4-3-39 所示，根据商品的主次，调节主次商品所占的版面面积，消费者的关注度也不同，这种关联看起来更有节奏感，视觉引导效果也更好。

第4章 商品视觉营销

图 4-3-38

图 4-3-39

153

通栏海报型。如图 4-3-40 所示，对于主推商品采用通栏版式，相比较下面四款商品，主商品显得更加醒目，形象与卖点展示得更加清晰，更易引起消费者兴趣，从而提升商品的点击率。

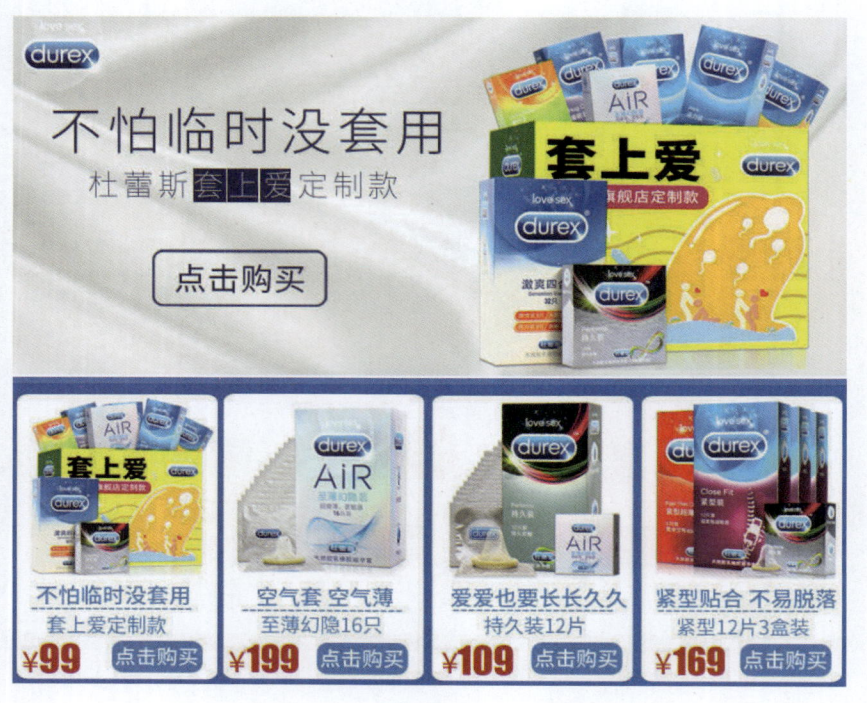

图 4-3-40

4.4　移动端详情页设计应注意的要点

有些商家疑惑是否要设计 PC 端和移动端两个版本的详情页，首先可以肯定的是，移动端流量及成交占比已远远超过 PC 端，据京东大数据统计，2017 年 618 年中大促，移动端成交占比为 83%，因此在设计详情页时，至少要保证第一个版本是基于移动端设计的。考虑到现实情况，设计师团队人手充足的商家可以考虑再设计一版适用于 PC 端的详情页。

移动端详情页的设计逻辑与 PC 端相同，但需要考虑到移动端设备特性、用户浏览习惯等问题。相对于 PC，移动终端具有屏幕小、竖屏、电力有限、触摸浏览等特点，消费者通过移动终端进行稳定浏览的时间一般不超过 10 分钟，具有碎片阅读的典型特征，因此设计师要基于这些特点思考移动端详情页的字体大小、文字多少、图片比例等要素。下面将主要介绍移动端详情页设计时需注意的关键点。

4.4.1 一屏一主题

移动端设备以竖屏浏览为主,因此在详情页设计上,每个板块的图片也应是竖版的,如此才能更高效地传达商品信息,给消费者的视觉感官也是舒适的。在 PC 端详情页为主导的时代,详情页要求一图一主题,在移动端设计为主导时,一图基本等于一屏,因此我们也称之为一屏一主题。

如图 4-4-1 和图 4-4-2 所示,移动端每一幅主要画面的高度不小于屏幕高度的 3/4,这样可以使消费者阅读每一屏时,只聚焦一个主题,注意力更加集中。

图 4-4-1　　　　　　　　　　　图 4-4-2

4.4.2 商品更突出

  移动终端屏幕尺寸小，因此在设计时商品的背景应尽量干净简洁、色彩单一，才能保证商品本身被更好地展示。清晰的商品形象，更易加深消费者的记忆。如图 4-4-3 和图 4-4-4 所示。

图 4-4-3

图 4-4-4

4.4.3 排版要整齐

如图 4-4-5 和图 4-4-6 所示,在商品需要罗列大量参数文字时,保证文字简洁整齐,自上而下的排版,更加符合消费者在手机端阅读的习惯,画面也会显得简洁不凌乱。

图 4-4-5

图 4-4-6

4.4.4 细节有质感

如图 4-4-7 所示，商品细节展示时，应将商品局部放大，使得商品更具品质感和视觉冲击力。同时也应注意到图片的精度，避免放大后模糊。

图 4-4-7

4.4.5 关联应简洁

使用京东的关联版式，可以设置移动端的商品关联。由于移动端设备尺寸的限制，不宜在关联区域展示过多商品，以免影响消费者的阅读感受。

移动端关联一般宫格式商品不宜超过 6 个，横向商品不宜超过 3 个。如果是多品类店铺，可在移动端关联中加入分类入口，便于消费者快速浏览店铺其他品类商品。如图 4-4-8 所示。

海报式关联作为一种高效且具有优秀视觉体验的关联形式，在移动端也很常见。海报式关联一般不宜超过 3 个关联海报，且应卖点、价格突出，文案简洁。如图 4-4-9 和图 4-4-10 所示。

第4章 商品视觉营销

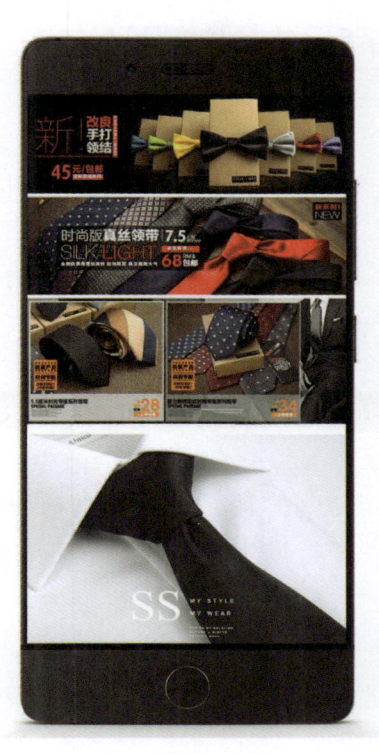

图 4-4-8

图 4-4-9

图 4-4-10

159

4.5 商品主图的设计方法

商品主图作为消费者进入店铺的主入口，其吸引力在某种程度上甚至决定了店铺的访客量。京东平台对商品主图的要求较严格，严禁商家使用"牛皮癣式"的主图，要求主图为无字、白底图等，仅部分类目允许使用实拍场景图。

如何在没有花哨的色彩和文字装饰下，做出具有吸引力的主图是本节重点讲述的内容。此外，因当前绝大部分类目七成以上的访客均来自于移动端，因此本节均以移动端的呈现效果作为案例。

4.5.1 商品主图的展示逻辑

在京东平台上，每款商品的 SKU 都有至少 6 个主图位置用于展示商品，部分类目甚至已经扩展至 10 个主图位。很多消费者在看完主图后就有可能决定是否下单，在移动端更是如此。因此如何利用好这些主图展示位，让每张主图都言之有物，成为一个精简版的详情页就很有必要。

首先，主图素材的选择其实也是有逻辑的，要保证在不写文字的情况下也能让消费者通过图片感受到商品要表达的卖点。

其次，不同品类的商品，消费者关注的卖点不同，设计师要根据商品特性，调整主图展示的卖点及顺序。商品常用的视觉卖点如材质细节、包装、用法、配件、赠品、色彩和款式等。如图 4-5-1 所示：

主图 1 展示了商品的颜色和整体样式；

主图 2 展示了商品的皮质细节（也是此类商品消费者最为关注的卖点）；

主图 3~4 展示了商品的其他细节或卖点；

主图 5 展示了商品的包装（礼品类商品，包装格外受消费者关注）；

主图 6 展示了该商品其他的颜色（为消费者提供了更多选择，大大降低了跳失率）。

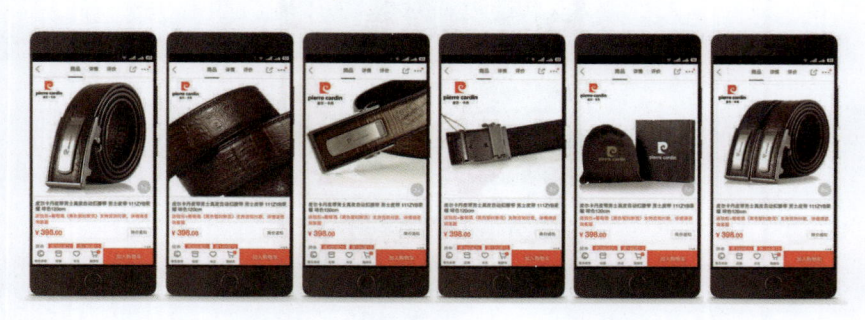

图 4-5-1

4.5.2 提炼主图的视觉卖点

根据商品自身特点、竞品情况以及消费者心理，进行差异化视觉呈现，称之为视觉卖点。

1. 无背景主图的视觉卖点

如图 4-5-2 和图 4-5-3 所示，即为无背景主图。前者竞品皮带的展示方式均为卷起立式，此时自身主图可从展示角度入手，这会显得与众不同从而吸引客户点击。而后者竞品都只展示出主商品，自身商品展示从包装入手，展示商品及其礼盒，显得新颖独特且给客户以足够的好感。

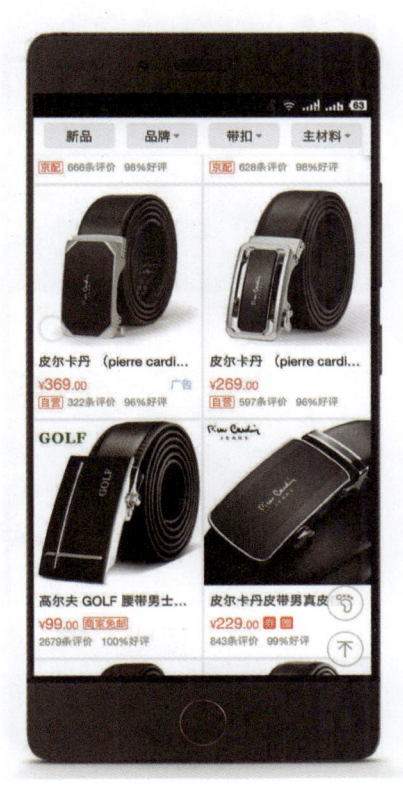

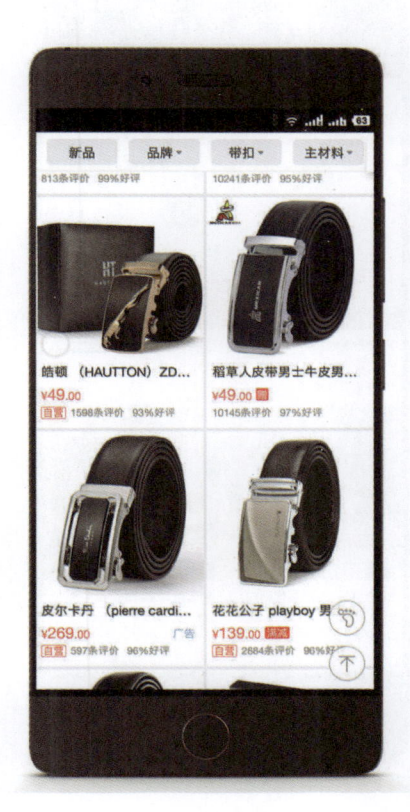

图 4-5-2　　　　　　　　图 4-5-3

举一反三，无背景主图可从多方面提炼视觉卖点，如品牌、角度、色彩、赠品、包装、数量、配件、模特/造型等。

2. 有背景主图的视觉卖点

有背景/场景的主图，看起来做到与众不同会更容易一些，实则不然。在设计有背景的主图时，往往是没有伤到对手，反而误伤了自己。如图 4-5-4 所示，第一行的两张主图辅助

京东平台视觉营销

元素搭配得当，提升了主商品的质感，而第二行两张主图的背景元素却起到了反作用，不仅没有提升主商品质感，还影响了主商品的展示效果。

  为避免出现上述情况，提升自身主图优势，设计师应多观察、分析竞品主图共同点，以避免同质化设计。如图4-5-5所示，袅袅香烟才符合香炉真实的氛围意境，因此在竞品都没有在此处下功夫时，可以考虑在商品的氛围意境方面进行提升，也十分契合消费者对该类商品的心理诉求。

图 4-5-4　　　　　　　　　　　图 4-5-5

  如图4-5-6所示，常见的床品四件套主图大多为展示商品多角度形象，但对于这类消费者熟知的商品，所展现的可能并不是消费者所期望看到的。而第二张主图从场景创意着手，慵懒舒适的睡眠场景立刻唤起了消费者心中的欲望，迅速抓住了消费者的眼球。

图 4-5-6

因此，当设计师设计有背景的主图时，可从场景、色彩、角度、模特、搭配、意境等方面提炼视觉卖点，尽量利用场景表达出商品的意境，触及消费者内心的感受。

4.6　店内海报的设计方法

海报是店铺视觉设计中不可或缺的重要元素之一，不同内容的海报在店铺中也担负着不同的作用。

4.6.1　海报常用的类型

1．促销型

此类海报是店铺最常用的一种海报类型，以促销利益点展示为主要目的，因此在设计时要尽量保证利益点清晰醒目。如图 4-6-1 所示。

图 4-6-1

2. 卖点展示型

即形象化的展示商品卖点和功能的海报，起到加深消费者记忆的作用。如图 4-6-2 所示。

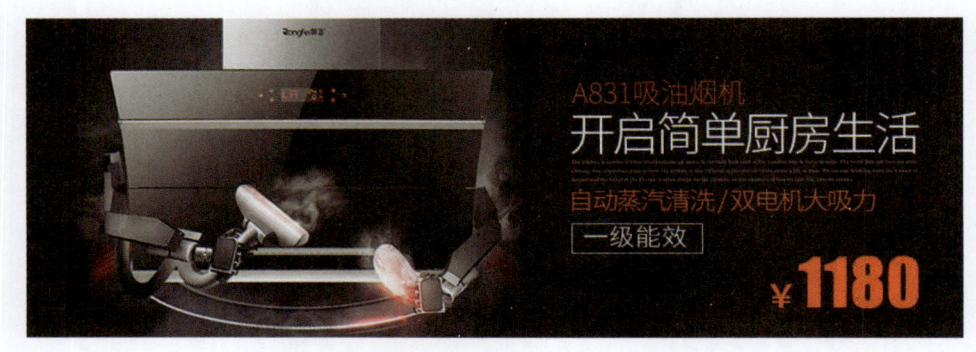

图 4-6-2

3. 人群定位型

如图 4-6-3 和图 4-6-4 所示，通过使用符合商品风格的辅助元素搭配，提升商品形象气质，更符合目标人群的内心需求。

图 4-6-3

图 4-6-4

4.6.2 海报的设计方法

电商海报设计包含的要素有文案、商品图、背景图、尺寸、构图、色彩。

下面通过一个案例来了解一张海报的设计流程。如图 4-6-5 所示。

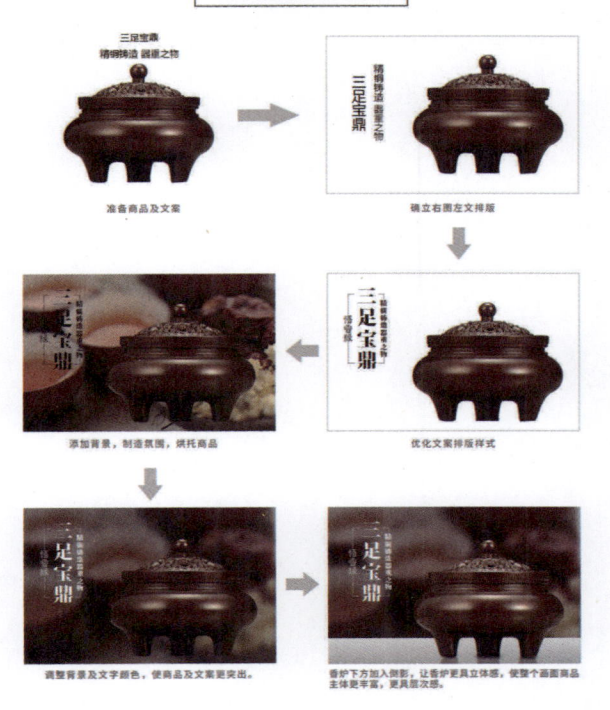

图 4-6-5

京东平台视觉营销

首先，设计师在拿到文案后，能够快速地分辨文案内容的主次，以便在设计时进行区分呈现。

其次，根据海报的尺寸、文案内容及商品图的角度进行构图。常用的海报构图一般有左中右、左右、上下三种构图方式。

然后，加入背景图及辅助素材。背景图可以渲染整个海报的气氛，提高画面的视觉冲击力。辅助素材包含小图片、色块、英文等，可以提升画面丰富程度，同时也可以突出画面的重点区域。

最后，调整背景、字体的色彩，使之更加主次分明、协调美观。

第 5 章
活动视觉营销

每次逛超市，总会有商品在做促销活动，目的是为了吸引更多的消费者购买超市的商品，电商亦如此，促销活动是店铺营销手段的重要组成部分。在电商平台，除了618年中购物节、11.11和12.12年终大促以外，其他的节日诸如端午节、中秋节、父母亲节、女人节、七夕情人节、圣诞节和元旦，等等，凡带有一定噱头的日期、节点都被平台与商家充分利用，配合促销活动，赋以购物的气氛。

但有的商家盲目跟风做活动，并不知晓活动的完整过程和真正意义。做活动之前，首先要明确活动的目的。

5.1 确定活动目的

5.1.1 活动是拉新的重要手段之一

尤其是对于新店铺而言，通过促销活动，可以吸引新客户进入店铺，而对于老店铺，活动不仅可以带来新客户，还可以通过活动维护老客户，通过与老客户的回访互动，增加店铺活力与曝光率，挖掘更多潜在新客户，促进店铺的销售并形成良性循环，达到一种良好的营销效果。

5.1.2 扩大品牌知名度

通过活动来扩大品牌知名度，其主要的目的也是为了吸引更多的客户。在活动时间段，不以卖货或者展示产品为主要目的，主要是对品牌调性、品牌故事进行设计性展示，或者针对新品、新品牌进行发布等。

一个优秀的页面呈现不仅能够完整地展示产品，更能够提升品牌形象，激发顾客的购买欲望，让顾客留下深刻印象；而一个糟糕的页面则会让顾客毫不客气地关闭页面，造成顾客流失。

5.1.3 保持店铺动态更新

店铺不定期做活动，保持店铺动态更新，避免一年到头都没有变化，有利于客户对于店铺保持兴趣与新鲜感。节假日、品牌日、会员日或者店庆日都可以为店铺策划一场活动，让店铺补充活力，提升营销效果。

5.1.4 清理库存

一些应季的商品，如果在当季没有清仓，可以在反季节适当的时候进行清仓处理活动，比如夏季卖羽绒服，或者因滞销快到临保期的产品，都可以将其进行促销处理。

针对京东平台而言，可以将常用的活动分成两种形式，店铺内活动和店铺外部活动，店铺外部活动又包括大促活动和平台活动。大促活动包括 618 大促、11.11 大促、黑色星期五，等等。而平台活动又可分为类目和分类两种形式：以类目为主的，诸如 3 月女性蝴蝶节、9 月沙漠风暴、一年两次的家装节等；以分类为主的活动如品牌秒杀、预售、众筹等。

因此，无论何种性质和形式的活动，都要想清楚目的，是拉新、宣传品牌还是清仓等，确定目的之后，方便设计师针对具体情况进行针对性的设计。

5.2　打造活动氛围感

确定活动目的后，配合店铺活动的利益点，接着就要选择合适的主题与风格。

5.2.1　确定主题和风格

如前所述，设计师需要明白，无论是做高大上抑或是做热闹促销的页面，都应该从需求定位出发。有些页面设计师觉得很丑、俗气，不符合审美，但却不一定意味着它没有好的营销效果，而有的页面看起来高大上、完美无瑕却也不一定意味着它是一个好的视觉设计，这就是电商设计区别于其他设计的地方。电商设计要投受众之所好，在尽可能看着舒服，用着也舒服的前提下不惜一切代价地以营销为最终目的。

基于此前提，可以将主题风格根据性质分为故事性、娱乐性和利益性三个方向。其中故事性、利益性主题风格常用于大促活动和店铺活动。

1. 故事性

通过一个故事或者一个能够贯穿页面的引子（如宝宝的一天、寻宝故事或男神养成记等）为中轴线，结合店铺活动性质进行设计和策划。

如图 5-2-1 所示，以 12 星座抢购节为主题，通过每个星座的个性特征来选择心仪的产品，这种方式具有一定的指向性，会让有星座方面兴趣的人群提高购买欲望。

如图 5-2-2 所示，主题为梦回童年，描述了开学第一天发生的一些趣事。整个页面的色彩与场景都是卡通风格，加上能够引起童年记忆的商品，整个页面让人轻松忆起学生时代，引起 80 后、90 后这代年轻人的共鸣。

京东平台视觉营销

图 5-2-1　　　　　　　　图 5-2-2

2. 娱乐性

恶搞事件或者热点事件。在这方面卫龙辣条和歪瓜出品可谓是抓热点和恶搞的行业排头兵。如卫龙辣条从 2016 年 6 月 8 日自黑店铺事件、张全蛋的工厂直播、"开包辣条压压惊"的童年美食风，到一直在使用的带着浓浓"苹果味"的新品发布和线下品牌展示店，再到写大字报、老司机情色网站风格，可谓是零食界（辣条）的一股"泥石流"，将零食商品视觉营销玩得风生水起，款款页面深入人心。

如图 5-2-3 和图 5-2-4 所示。

图 5-2-3

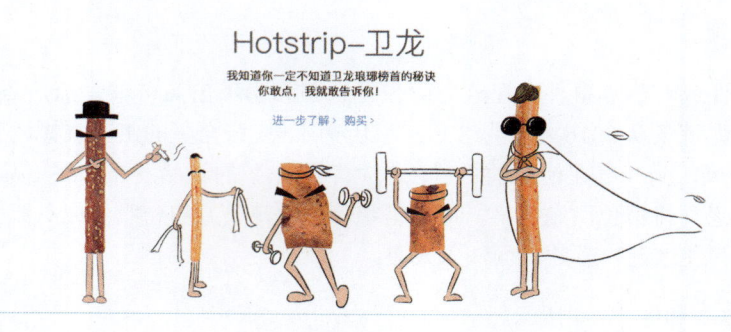

图 5-2-4

还有一些以娱乐性为主题的页面设计也较为成功，如去年较火的游戏——纪念碑谷慢慢被大家熟知之后，很多店铺都开始模仿《纪念碑谷》的形式进行页面设计。如图 5-2-5 所示。

图 5-2-5

第5章 活动视觉营销

有一些使用港式霓虹灯元素与传统艺术元素壁画结合，不仅能体现促销感，在视觉上也有很强的冲击力。如图 5-2-6 所示。

图 5-2-6

3. 利益性

即简单明了地通过页面渲染促销打折内容。这类页面利益点通常会放在显眼的位置，整个页面也以烘托促销利益氛围为主。整体颜色会偏向红黄色这种具有明显促销感的颜色，突出促销感，增加视觉冲击力，如图 5-2-7 所示。当然，有些店铺不需用一些红黄这种大促色就可以做出利益性很明确的页面，如图 5-2-8 所示，四两拨千斤，无须太过用力，也可以体现满满的活动感。

图 5-2-7　　　　　　图 5-2-8

5.2.2 完善页面布局结构

选择活动主题和风格之后，就可以针对主题风格，选择相应的页面布局形式，对店铺商品在页面展示的层次和逻辑进行设计。商品可以通过价格区间、品类、折扣模块来作为区分维度，也可以通过故事性的章节进行区分，或者按照页面布局需要进行设计。

页面布局通常有以下几种方式：

1．重复的元素进行布局

重复是为了让活动页面的整体视觉风格统一，提醒消费者依然是停留在同一个内容之中。它可以是字体、颜色、大小、空间、形式、框架等的重复。而且重复并非是严格复制同样的元素，而是按照一定的规律，在页面中产生连续的变化——也就是说在利用重复元素的时候，应该在规律中有变化，在变化中有规律。

如重复形状、符号、特性等；如重复颜色、色块应用等；如重复数字、文字、英文、排版形式、架构等。

如图 5-2-9 所示，几何图形制作而成的底座，重复进行展示，加上 45°的透视角度，能让整体活动页面视觉形成统一，提醒消费者依然是停留在同一个内容之中，稳重又不失可爱。

如图 5-2-10 所示，游动的鱼群和漂浮的彩带出现在每一屏画面中，重复的元素符号、重复的价格标签、重复的左右排版形式等。除了点出来的重复外，其实也不难发现各种重复的方法其实并不是独立存在的，常常是各种方法掺杂在一起应用。当然，重复的方法也远远不止上面列举的这几种。

2．S 型或 Z 型布局

S 型布局（也叫"之"型、"Z"型）是页面布局中非常经典的一种形式，通过眼动追踪实验也证明这种排列方式符合眼球浏览习惯，看起来不会产生视觉负担，是最符合人类浏览和阅读习惯的形式。

图 5-2-9　　　　　　　　　　　　图 5-2-10

　　当消费者通览一个页面时,眼球会左右移动进行阅读,视觉停留的点也会在页面中自上往下变化,由此形成一个左右移动的"S"型路径。这种布局在长页面中应用得非常广泛,利用 S 型布局,会形成一个视觉引导,让消费者轻松流畅地阅读完整个页面。

如图 5-2-11 和图 5-2-12 所示，前者为 Z 型，后者为 S 型。其实两种形式没有本质的区别，一般情况下将它们统一称之为 S 型。

图 5-2-11

图 5-2-12

3. 左右对比布局

常见于需要表现 PK、VS 对决类的活动页面。

如图 5-2-13 和图 5-2-14 所示，页面被色块分成两个部分，首先感受到的是两个色块的直接冲击，视觉冲击力会比其他形式强很多，这时，如果颜色使用到位，冲击力会尤为突出。使用这种方式可以主观地将商品分类，比如功效不同的两种商品或者具有对比性的商品，可供消费者便捷选择，如图 5-2-13 所示，单身的人若购买可以是单份零食，而情侣则可以数量乘以 2。（关于对比色的运用，请见 5.2.3 节）

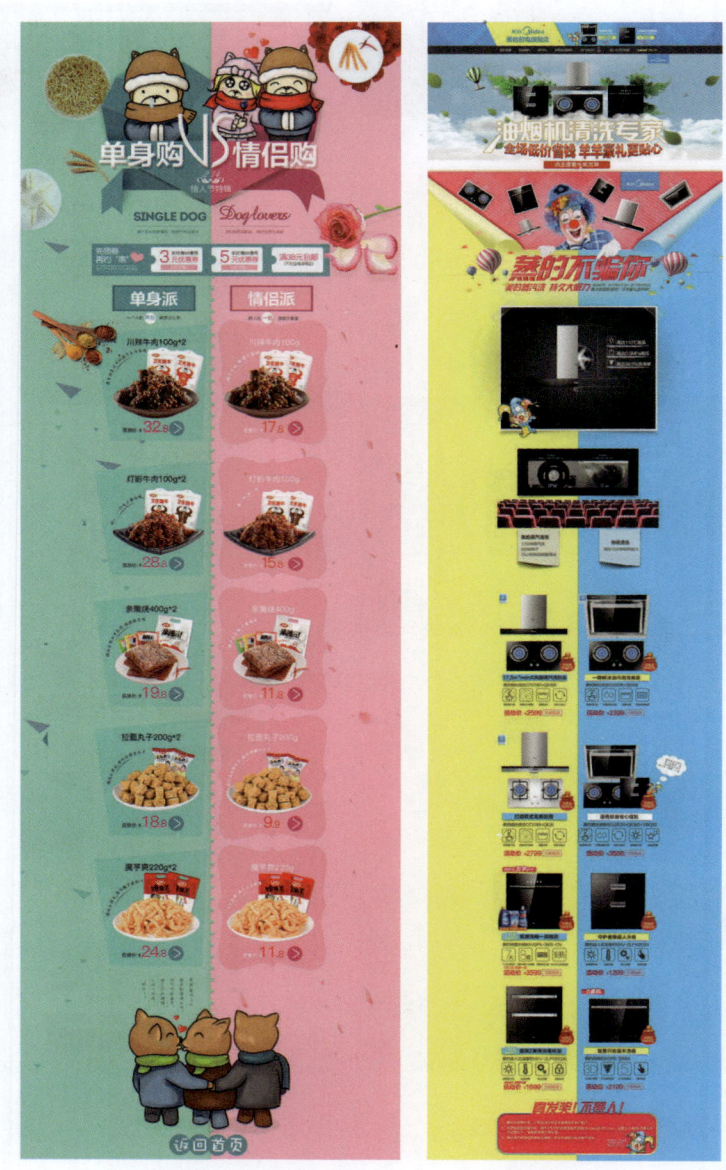

图 5-2-13 图 5-2-14

4. 卡片式布局

卡片式布局是把文字、图片等大量复杂的信息、元素集中划分在一个卡片之中，通过卡片的累积形成一个完整而又规范、简洁的页面。一般电子类产品页面使用居多，且卡片展示的形式有很多种，可以将单件商品放在一个卡片中，也可以将一类商品放置于一个卡片中。如图5-2-15所示，从这种卡片式的布局中根据卡片形状的不同，也可延伸出不同的形式，适用范围就不局限于电子商品了。

图 5-2-15

图 5-2-16

页面布局不必局限于某一种方式，适合商品展现形式即可。图 5-2-16 就是左右对比布局和卡片式布局相结合的一种方法。此外，S 型布局也可以和卡片式布局相结合等。

5．非常规式布局

如本书 2.1 节所述，非常规式布局一般有主题轮廓、几何切割、流程图／枝状图等形式。

主题轮廓一般是卡通风格页面最为常用的布局方式，其他风格也可以酌情采用，如图 5-2-17 和图 5-2-18 所示。

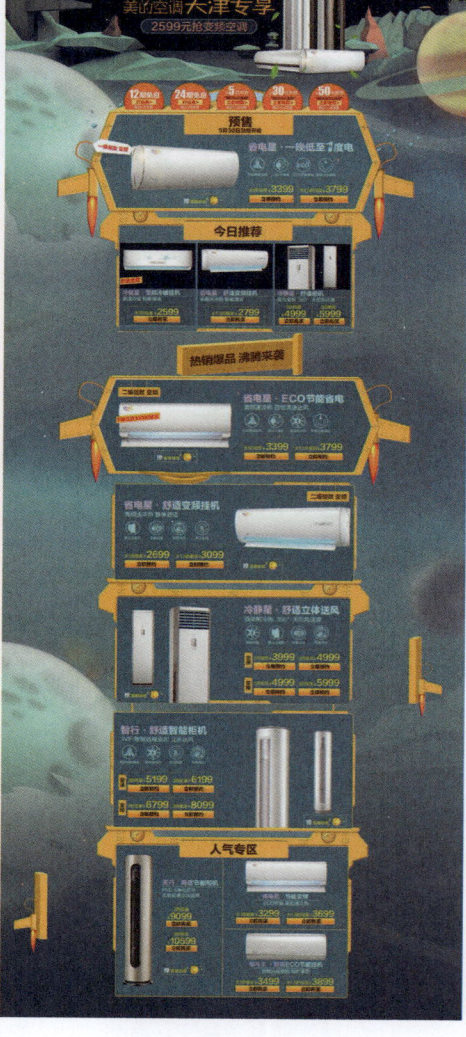

图 5-2-17

图 5-2-18

第5章　活动视觉营销

　　如本书 2.1 节所述，几何切割一般分为简单切割、对称切割、组合切割、多重切割等。通过几何切割可大大增强画面运动感，较适合男性商品的活动页面，诸如运动服饰、健身器材、男性洗浴、护肤品等，如图 5-2-19 和图 5-2-20 所示。

图 5-2-19　　　　　　　　　　图 5-2-20

　　流程图 / 枝状图布局通过一条路径从头到尾接引起来，可增加页面娱乐性，在众多常规页面形式外，显得新颖独特，如图 5-2-21 和图 5-2-22 所示。

181

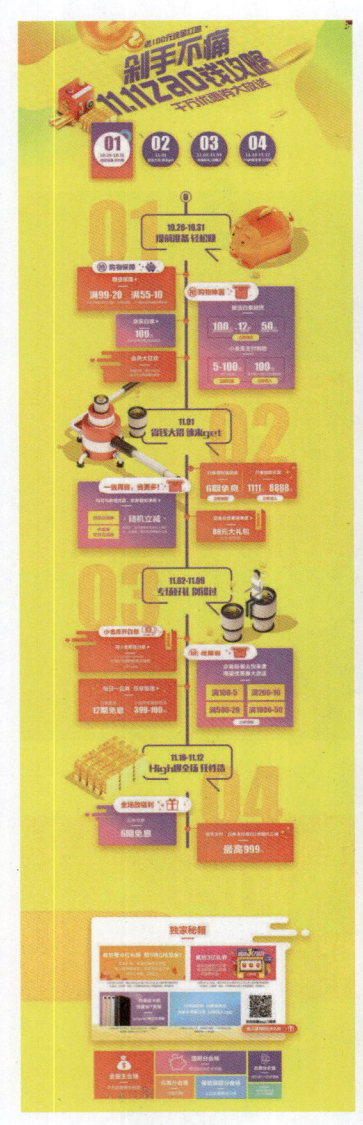

图 5-2-21　　　　　　　　　　　　　图 5-2-22

5.2.3　增强页面色彩感

除了上面介绍的活动主题和页面布局外，在活动页面中色彩的运用也十分重要，本书2.1节已经就色彩的基本概念做出解释，因此本节将主要介绍如何进行色彩搭配。要了解如何进行色彩搭配，首先要了解配色比例问题。

1. 配色比例

色彩搭配方式众多，但日本某设计师曾提出一个黄金比例，即 70 ∶ 25 ∶ 5，其中 70%

为大面积使用的主色，25% 为辅助色，5% 为点缀色，如图 5-2-23 所示。

一般来说，图片上出现的颜色不宜超过三种（此处指三种色相，如深红和暗红可视为一种色相），否则会显得画面混乱，颜色用得越少，画面则显得越简洁，且作品显得更加成熟，对画面的把握和控制也越容易。当然，黄金比例并非一成不变，设计师可针对自身店铺和商品定位做出一定变化。

图 5-2-23

了解配色比例后，才可以基于此进行合理的色彩搭配。

2. 色彩搭配

色彩搭配就是色环上不同色相之间相互呼应、相互调和的过程。其关系取决于色环上的位置，色环上色相与色相之间离得越近，对比度就越小，离得越远对比度就越强烈。如图 5-2-24 所示。

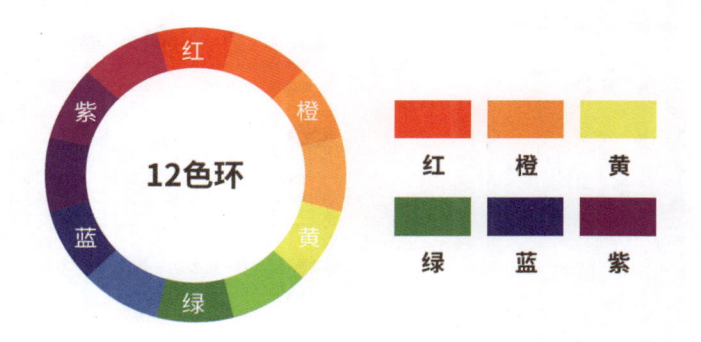

图 5-2-24

色彩搭配一般分为相邻色搭配、间隔色搭配、对比色（互补色）搭配。

相邻色搭配

所谓相邻色，即色环之间挨得比较近的几种颜色。诸如红色和橙色、橙色和黄色、黄色和绿色、绿色和蓝色等。如图 5-2-25 所示。

相邻色离得比较近，相互之间关联性强且非常柔和、协调，画面和谐统一，因此作为最容易操作的一种方式被大多数新手设计师采用，但因为相邻色之间的对比度较低，其冲击力度也会弱一些。如图 5-2-26 和图 5-2-27 所示。

京东平台视觉营销

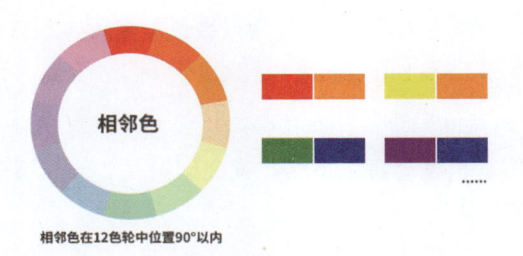

图 5-2-25

图 5-2-26　　　　　　　　　图 5-2-27

间隔色搭配

间隔色搭配,即色环上相隔的色与色之间的搭配,诸如红色与黄色、黄色和蓝色、绿色和紫色,因为这种搭配方式中间都隔着一个颜色,所以称为间隔色搭配。如图 5-2-28 所示。

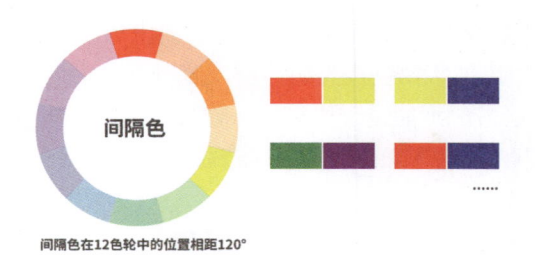

图 5-2-28

间隔色与相邻色相比，两色之间在色轮上隔得较远，因此冲击力度强于相邻色。而且间隔色既没有互补色的冲击力那么具有刺激性，同时又比相邻色多了一些明快活泼的、对比的感觉，因此使用非常广泛，尤其是红、黄、蓝三原色之间的相互搭配应用得最为广泛。

在大促活动页面设计时，间隔色也是使用最多的配色方式。如图 5-2-29 和图 5-2-30 所示，大红大黄搭配起来会使画面显得特别热闹，而且这两种颜色也是中国人最乐得所见的促销用色，因此在电商视觉设计中被广泛采用，近年来随着设计手法的变迁，也会出现其他多种多样的搭配方式。

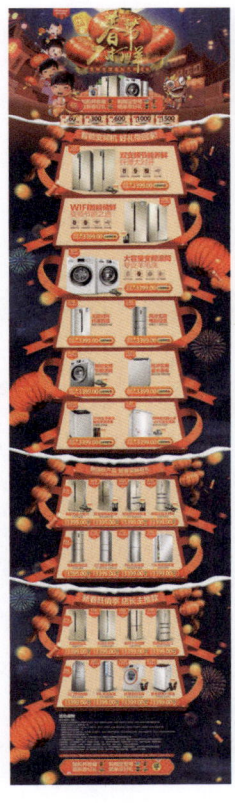

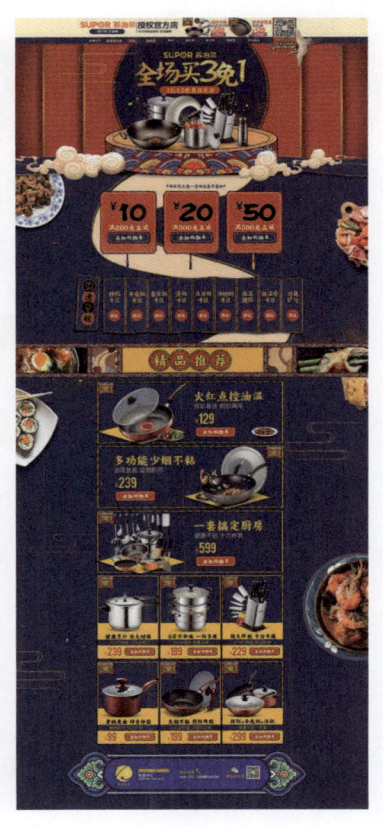

图 5-2-29　　　　图 5-2-30

京东平台视觉营销

　　无论选择何种搭配，能够突出氛围感都是可行的。如图 5-2-31 所示，这张海报是典型的红蓝搭配，在图片中添加了白色作为缓冲色，而白色和黑色是运用最多的调和色。在此要注意的一点是，红蓝搭配不能过于平衡，一定要控制两色的比例，使其中一种为主色，产生层次感，或降低其中一种颜色的饱和度，产生明暗对比。

图 5-2-31

互补色（对比色）搭配

　　互补色又叫作对比色（下方统称对比色），是色轮中相隔 180° 的两个颜色。对比色是色彩搭配中最为强烈的颜色搭配，比如说红色和绿色、橙色和蓝色、黄色和紫色等。如图 5-2-32 所示。

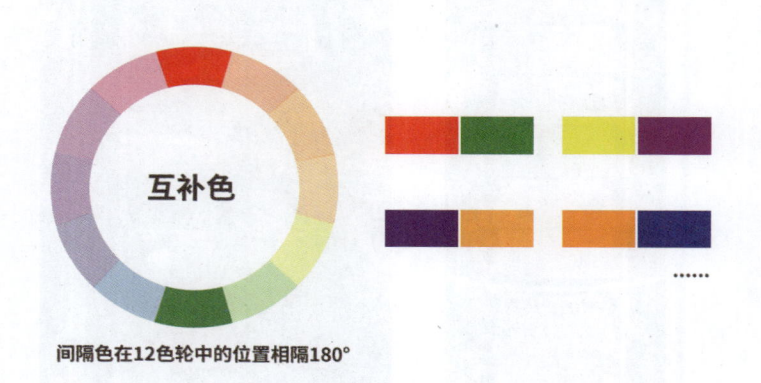

图 5-2-32

　　对比色搭配可以表现出一种力量、气势和活力，具有强烈的视觉冲击力，而且也极具现代感、时尚感。如图 5-2-33 和图 5-2-34 所示，黄色和紫色搭配使用，不会因为单纯看主色产生视觉疲劳，而且画面整体感觉张弛有度，既有活力，又有气势。

第5章　活动视觉营销

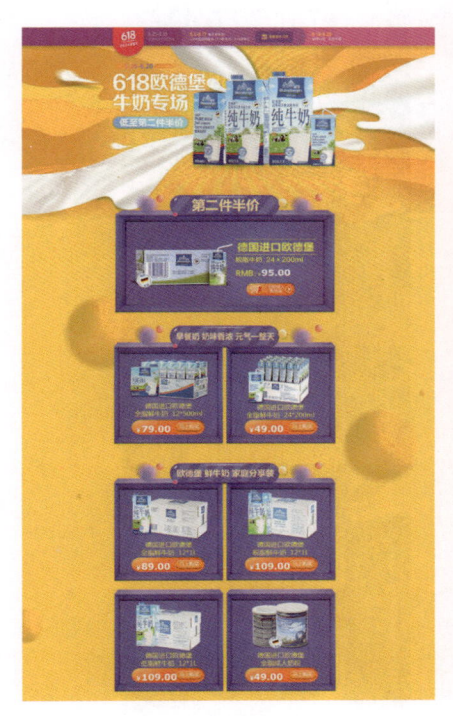

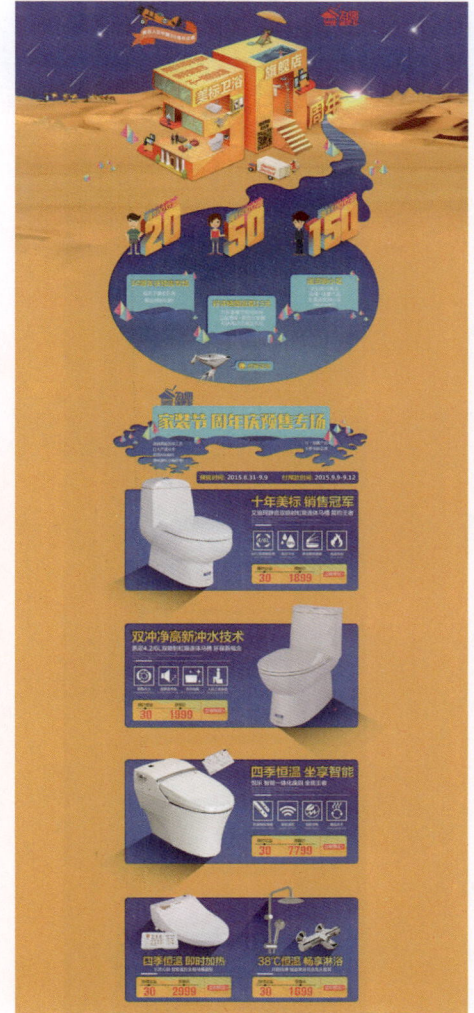

图 5-2-33　　　　　　　　　　图 5-2-34

但在很多对比色搭配设计的页面中，诸如圣诞节活动页面的红绿色搭配设计等，为了保证整体的和谐性，也会牺牲掉一部分视觉冲击力，采取降低色彩明度或者纯度的做法，使得页面整体色调和谐不突兀。如图 5-2-35 和图 5-2-36 所示。

在第 2 章讲到左右布局时说过左右色块的问题，如果色块使用互补色搭配，则会增加页面视觉冲击力。这个时候也需要增加一些调和色，诸如白色等其他饱和度低的颜色加以搭配。

187

图 5-2-35　　　　　　　　图 5-2-36

此外，使用对比色搭配设计还需要注意以下三点：

一是画面的颜色比例，因为互补色/对比色具有很强的对比度，所以要确定以一色为主色调，另一色为辅助色调。确定好主次关系，才会在保证画面整体冲击力的前提下避免出现不和谐的情况。

二是可以尝试降低其中一色的明度和饱和度，产生一种明暗对比的效果，使得画面整体对比柔和。

三是可以在画面中适当加入一些调和色，来减少互补色之间的对抗性，如果所用色彩不好控制，使用这种方式是最为可行的一种办法。

没有丑的颜色，只有丑的搭配，如果想要通过颜色来体现页面的视觉冲击力，那么可以选择一些对抗的颜色，诸如互补色这类；如果想要体现画面和谐统一，可以多多留意上面介绍的三点。配色问题需要设计师多多练习，掌握一个"度"，这样才会得心应手。

5.2.4　增加页面点缀物

除了 5.2.3 节提到的色彩，还可以使用点缀物来烘托氛围感。如图 5-2-37 所示，页面中使用的霓虹灯、舞台，背景中点缀的亮光，抑或是海报中各种渐变色的图形，都是为了丰富页面中的促销活动氛围。

图 5-2-37

5.3 营造活动紧迫感

促销活动的本质即为商家在限定时间、数量或平台的情况下,吸引消费者大量、集中购买,因此营造促销紧张氛围就尤为重要。在此需注意以下几个方面。

5.3.1 突出时间紧迫感

在将消费者吸引至店铺内或商品详情页面后,应尽量促使其立即做出购买决策,不给消费者反复思考的机会,或者让其认为不立即购买对其自身是一个损失。而在页面设计中人为营造出时间上的紧迫感就十分有效,具体可以是限时、限量或者倒计时等方式。

如图 5-3-1 和图 5-3-2 所示,不管是海报中突出的限时、限量,还是在商品处以角标形式体现的"已抢光""马上购买"等,都是为了给消费者制造一种促销的紧迫感,促使消费者快速下单购买。如图 5-3-3 所示,加入倒计时闹钟也是同样的道理。

图 5-3-1

图 5-3-2

图 5-3-3

5.3.2 出现在正确的时间里

通常这个正确的时间就是产品描述的结尾显示"购物车"按钮的地方,而且网站应该把促销配套的主要内容以要点形式清楚地说明一遍。

消费者在浏览完商品详情信息后,一般就会做出购买决策,此时向消费者展示额外的好处,可促使其在犹豫不决时做出购买决策。如图 5-3-4 所示,在商品右侧增加优惠券领取按钮,这样在最终决定购买商品时可额外享受一重优惠,对消费者的心理暗示作用自不必说。

图 5-3-4

此外,很多商家在店铺首页以大篇幅海报形式展示促销信息,但当消费者来到商品详情页面时,却没有显示任何折扣、满赠、免费礼品等信息,如图 5-3-5 所示,此时消费者可能已经忘记浏览首页时看到的促销内容,商家也因此失去了再次说服用户购买的机会。

图 5-3-5

5.3.3 免费的礼物

免费，是最有力的营销工具之一。如果可以提供，一定要在最恰当的地点向消费者重申促销活动中配套的免费礼物。比如买眼镜送眼镜布、买衣服送发卡、买戒指送太阳镜，或者紧跟时事热点挑选免费赠品，诸如热门电影上线赠送电影票等。这些免费礼物价值一般很低，但不仅能让消费者在购物时感觉到额外的划算，而且下单付款后也很满意。还有一些诸如晒图送礼物之类，也是比较有效的方式。如图 5-3-6 和图 5-3-7 所示。

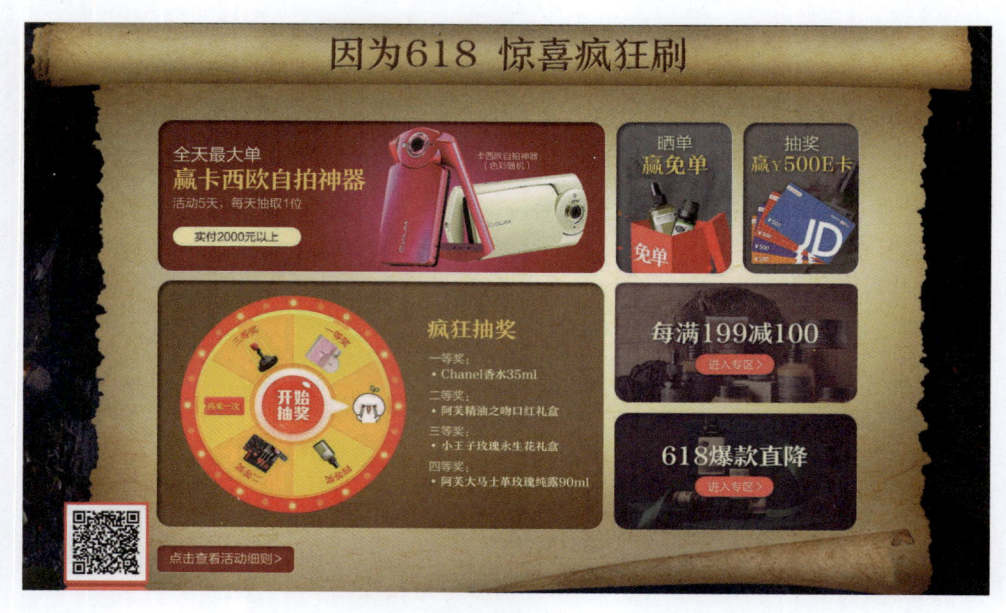

图 5-3-6

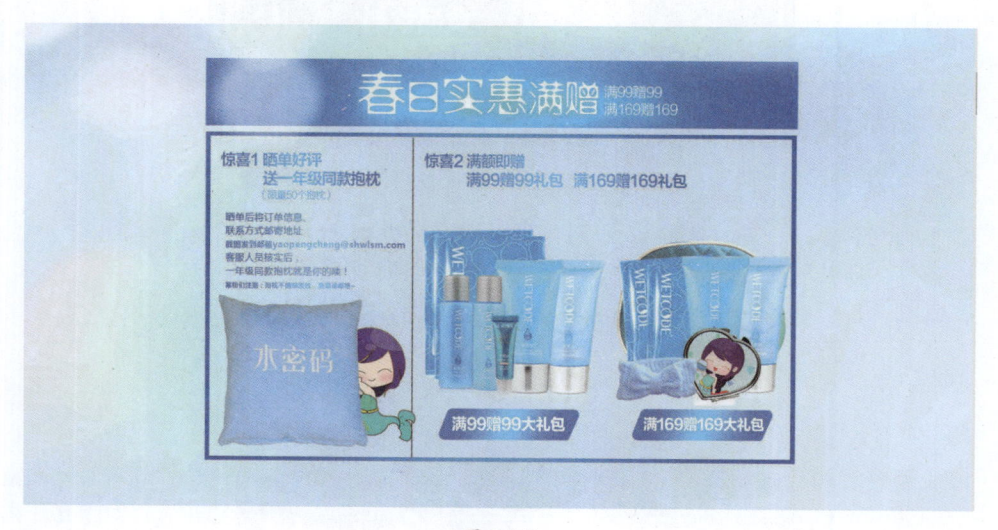

图 5-3-7

5.3.4　商品免邮

　　商品包邮在电子商务刚刚兴起时，也是一个行之有效的促销手段，但现在主流电商平台商家一般都会提供免邮服务，因此快递服务商的选择就成为现如今差异化服务的所在。比如应季水果发货，京东快递、顺丰快递或其他近仓发货就具有明显优势。如图 5-3-8 所示。

图 5-3-8

5.4　制作入口图

　　在实际工作中，入口图一般分为有模板和无模板两种形式。店铺报名平台大促活动或其他常规活动时，平台对接运营会提供统一的 PSD 格式入口图模板，不管是 PC 端还是移动端，只需根据模板要求，补充商家自身品牌和商品信息即可。

　　如果制作无模板入口图，则需要注意以下几个问题：

　　（1）展示位置。根据展示位置调整图片。如制作 PC 端图片时，只要保证突出利益点、设计美观即可，但制作移动端图片就需要注意文字可读性的问题，如 2.1 节文字部分所述，无线端图片字体太小，影响消费者识别，标题的作用就会减弱，只能起到装饰的作用，而这肯定不是设计师愿意看到的。

　　（2）图片大小。根据入口图大小的要求进行图片设计。可与店铺风格保持一致，最简单的方式就是在保证利益点可读性高的情况下，将活动页面首屏海报作为入口图使用。

　　（3）形式选择。如果入口图链接到活动页面，在设计时需注意图片中商品的选择，尽量选择一些图片质量高的商品，将活动内容和参与活动的商品展示出来；如果入口图链接到商品详情页，则只需设计单品入口图即可，将重心放在这款单品上，而不需要其他商品的参与。如果有赠品，也可以将赠品放置在入口图上。

京东平台视觉营销

　　本章从活动页面视觉设计入手，通过剖析明确活动目的的意义，介绍活动氛围以及活动紧迫感营造的方法和入口图制作的注意事项等，为读者阐释了活动视觉页面设计的整个流程，不管页面布局如何、采用何种色彩搭配等，最终活动页面都是为了承接活动流量、促进流量转化而设计，即为销售负责，这也是本章活动视觉营销的核心思路，他山之石，可以攻玉，希望为读者提供参考思路，起到举一反三的效果。

第6章
视觉创意也有套路

本书前 5 章为读者系统阐述了视觉营销的来龙去脉，从电商视觉营销的定义开始，至电商视觉营销构成思路，再到店铺视觉定位、规划和应用，以及商品和活动视觉营销的实施流程等，无不贯穿"视觉是为了营销"这个整体思路，因此也可以说，视觉设计的本质是为了传播，而在这个本质的"骨架"之下，还隐藏着视觉设计的灵魂——创意。

视觉创意源于对品牌的深刻理解与洞察，更能体现品牌精神，其致力于引起消费者共鸣，搭建品牌和消费者沟通的桥梁。而好的视觉创意更要是美的创意，以此提升品牌形象。最重要的是，视觉创意也以营销为最终目标。

视觉创意没有成熟的套路，也没有完全可以照搬的方法论，但有几条可以遵循的基本路径。首先要对产品的特点有非常明确的认识，脱离产品的创意绝不是真正的创意，而创意的形式是据此生长出来的枝干。其次创意不仅来自设计师对商品的理解，还包括对用户体验的持续追踪（收集用户问题、发掘用户新需求等），通过诸多维度归纳提炼出想法，最终进行视觉创意的呈现。

6.1 看——发现灵感

创意灵感可通过观察消费者发布在行业论坛、社交媒体或搜索引擎等不同地方的谈话内容来积累，发掘出产品的功能特点、消费者的真实痛点和行业市场缝隙。当然，创意灵感也可以从跨界产品的广告中获取。

6.1.1 怎么看？关键词：找消费者的行为"路径"

第一，"找毛病"。在论坛中寻找消费者的真实反馈信息，如产品在技术、使用和售后等方面出现的问题，或者行业缺乏的产品类型，并对其进行总结与归纳。如此便可发现行业现存弊端，发掘新卖点，取长补短。可参考的论坛诸如中关村在线、虎扑、天涯论坛、豆瓣网、网易论坛、猫扑网等。

第二，"看需求"。在社交媒体上，"发现"每个用户的使用场景。通过统计用户的使用时间、使用场景、使用地点、使用心情、选择的品牌和价格、产品的外观等"情报"，总结出用户的共性内容，如行为轨迹、品牌偏好等，进而发现新的创意。可参考的网站、渠道有新浪微博、微信朋友圈、QQ 空间等。

第三，"定趋势"。在搜索引擎上"发现"消费者的搜索趋势，为选择商品流量展示时间（上市时间）与展示平台、设备做决策，还能定位目标消费人群，确保视觉营销大方向"不跑偏"。诸如百度指数、百度统计、百度视频、百度音乐，以及手机百度等产品都可以为商品趋势做出指引和定位。

6.1.2 看什么？关键词：看消费者的"关注点"

1. "看"：产品的功能特点

在产品时代，商家只需按照说明书上的功能，把注意力集中于产品的特点和客户的利益上，把产品的基本功能与用户需求点进行阐述、匹配，是一种"你要的我都有"的推广方式。但随着竞争的加剧，商家需要深入理解市场已有产品的营销记忆点，找到自身品牌定位。

如手机行业，三星和苹果更注重强调产品外观设计和品牌，而小米强调用户体验至上，重点打造界面设计好用、性能高这两个卖点；华为强调国产品牌，功能和技术领先；OPPO 和 VIVO 手机则突出拍摄功能。手机从按键到全屏，从小尺寸到大尺寸，从单摄像头到双摄像头，到前置双摄像头，都可以做品牌差异化定位，便于消费者分辨、选购。

2. "看"：行业的市场缝隙

行业的市场缝隙，可从四个层面去发现，通过对比、观察、分析各个层面的关键数据，找到创意新思路。

第一层是国际市场走向、国家政策指向。获取渠道主要是各大门户网站与主流媒体。如英国脱欧、中国的"一带一路"计划等，再如国内的二胎放开政策、河北雄安新特区布局等。

第二层是行业分析报告。通过行业分析报告，商家能准确把握上下游企业的发展与体量变化，找到自身定位。国内的一些调查机构，如艾瑞网、星图数据、trustdata 和易观等会不定期提供大数据报告。

第三层是国内各地人文经济的演变。如华北地区的雾霾导致空气净化器产品热销。再如部分二线城市经济崛起带动消费，庞大的体量让杭州、青岛、厦门等二线城市人们追捧的消费习惯成为主流市场消费文化。

第四层是消费者生活习惯的改变。例如，共享经济改变了人们的出行习惯，摩拜单车、ofo 等就是鲜明的例子，电动车、摩托车的市场份额也因此受损。

3. "看"：消费者的真实痛点

通过消费者的吐槽发现新机会。消费者在线上的每一个行为，商家都有机会获取到可追溯的行为轨迹信息。如消费者购买产品后，在论坛进行评论与晒单；如在搜索引擎搜索产品时，留下的 Cookie；如参加社交媒体品牌方的互动活动；甚至在视频网站发出的弹幕内容，都可以用于分析消费者的痛点。

6.1.3　创意灵感的线上"云盘"

线上获取渠道：视频网站如优酷网、bilibili 等；设计师及素材网站如花瓣网、站酷网、Behance、致设计网、全景网、海洛创意网、500px、昵图网等；广告及文案网站如 TOPYS、广告门、梅花网、虎嗅网、砍柴网等。

6.1.4　创意灵感的线下"隧道"

线下获取灵感的"隧道"有很多，日积月累的生活经验必不可少，也要做到以下 14 种获取创意的方式，简单总结为"2 个保持""5 个培养""7 个增加"。

"2 个保持"是指：保持紧跟热点事件、保持专注与好奇心。

"5 个培养"是指：培养使用"灵感"黑板的习惯；培养学习艺术类技能的习惯；培养看电影、听音乐的习惯；培养使用备忘录的习惯；培养记日记的习惯。

"7 个增加"是指：增加社交机会、增加阅读机会、增加和有创意的人学习的机会、增加参观艺术展的机会、增加与跨界行业合作的机会、增加户外活动机会、增加旅游的机会。

6.2　找——挖掘共性

对于电商视觉营销来说，传统广告能够提供很好的借鉴，而一些优秀的营销案例，创意者不仅会参考行业内的内容，还会跨界寻找灵感。当商品本身的一些特点与跨界行业中的商品、元素或符号有共性时，创意者也可以挖掘其中的内容。比如时尚手机与时尚服装，都是时尚人群喜爱的产品。再如，黄蓝色搭配的智能产品，正是与动漫变形金刚的"大黄蜂"的形象联想到一起。再比如购买冲浪装备或者篮球装备，与旅游服务、防晒霜产品的使用场景是相通的。

当认识到消费者在同一个场景有不同需求的时候，可以发掘产品的关联性。通过视觉创意引起消费者共鸣，从而增加销售机会。

6.2.1　找跨品类优秀案例

相同受众会在不同品类进行消费，比如潮牌服装、流行饰品、极限运动产品、3C 科技产品等。这些都是年轻人、潮人经常消费的品类，商家可以根据相同内容与跨界品类做创意与视觉呈现。

如图 6-2-1 所示，常规情趣用品商品详情页的表达和创意都较为简单直接，甚至不乏低俗暴露内容，大部分的视觉创意是把商品做成动态图，以此吸引消费者。而图 6-2-1 中，则是借鉴女装的表达方式进行视觉创意呈现，页面表达艳丽，且有别于常规的情趣商品内容。

第6章 视觉创意也有套路

图 6-2-1

如图 6-2-2 所示为卫龙辣条的商品详情页，创意借鉴了 3C 类产品——苹果手机的简约时尚风格来展示品牌调性，从而与常规的食品视觉创意区别开来，甚至使得苹果粉丝也会心生好感并购买商品，为品牌的口碑传播起到了良好的作用。

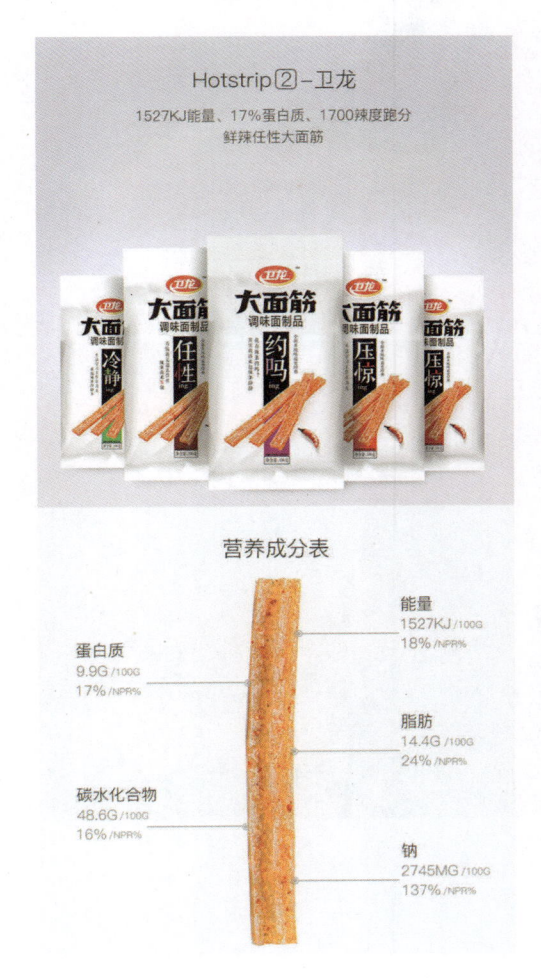

图 6-2-2

199

6.2.2 找热点造话题为商品注入情感

说到蹭热点，大家都会想到杜蕾斯，每一次热点事件出现之后，都会看到杜蕾斯的身影。每一次的热点广告，杜蕾斯都会从品牌的独特视角对热点进行再加工，但是我们会发现，热点虽不同，但是品牌的个性是统一的，商品也具备了自己的网络情感。如图 6-2-3 所示，上图是 iPhone 7 中国红版本上市时的海报，下图是杜蕾斯的热点海报。如图 6-2-4 所示，是 iPhone X 发布会之后，杜蕾斯发布的热点海报，依然受到网络的热捧。

图 6-2-3

第6章　视觉创意也有套路

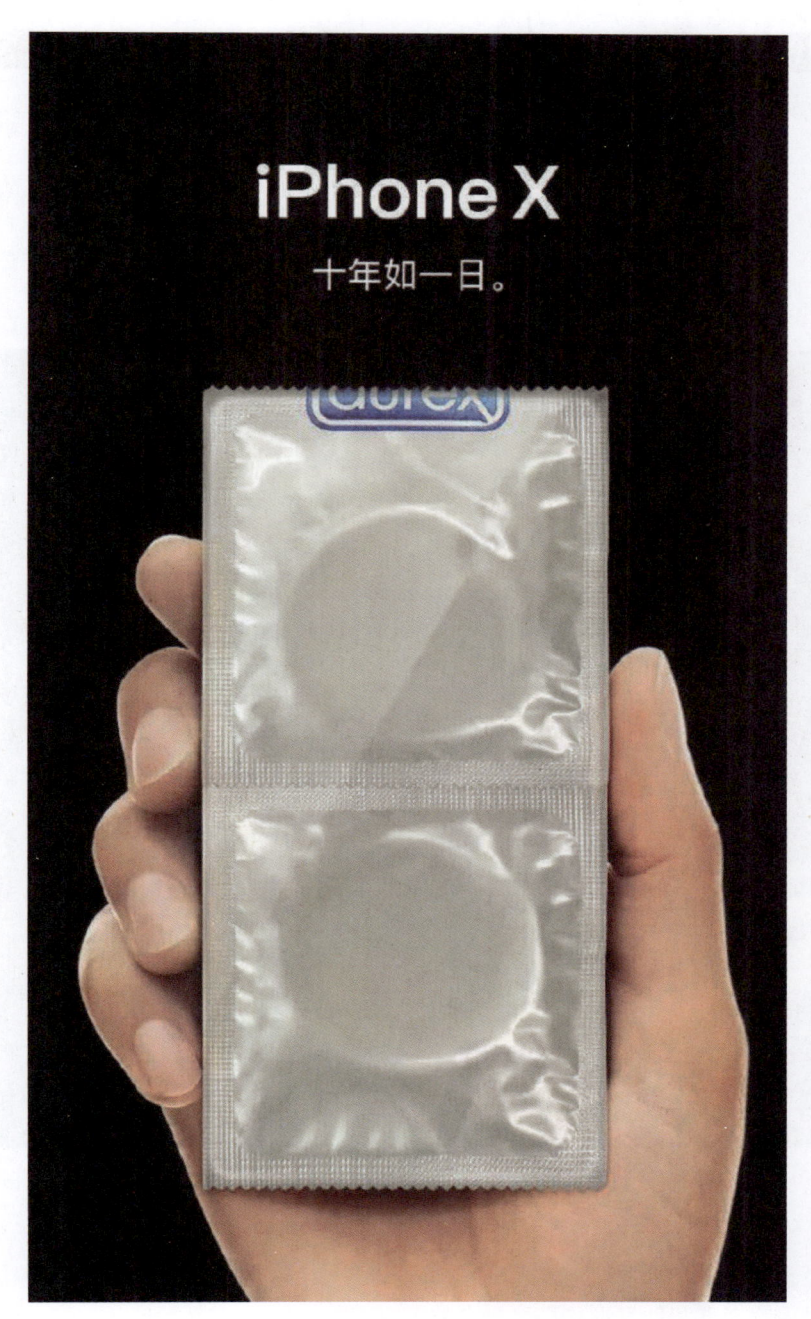

图 6-2-4

　　在使用热点素材时应注意以下问题，不能被热点事件影响了品牌自身的定位，同时对热点事件的选择要有一定的职业操守。

6.2.3　找与商品相关的事物或内容

观察产品的颜色、相关的动物形象、文化内容、游戏周边等，在对产品充分理解的前提下寻找共性，拓展视觉创意。

如图 6-2-5 所示，miniOne3D 打印机因其可折叠、易变形以及智能便捷操作的特性，故此联想到了《变形金刚》中的"大黄蜂"形象，因此在视觉创意上也采用了与之相匹配的黄黑相间的颜色。

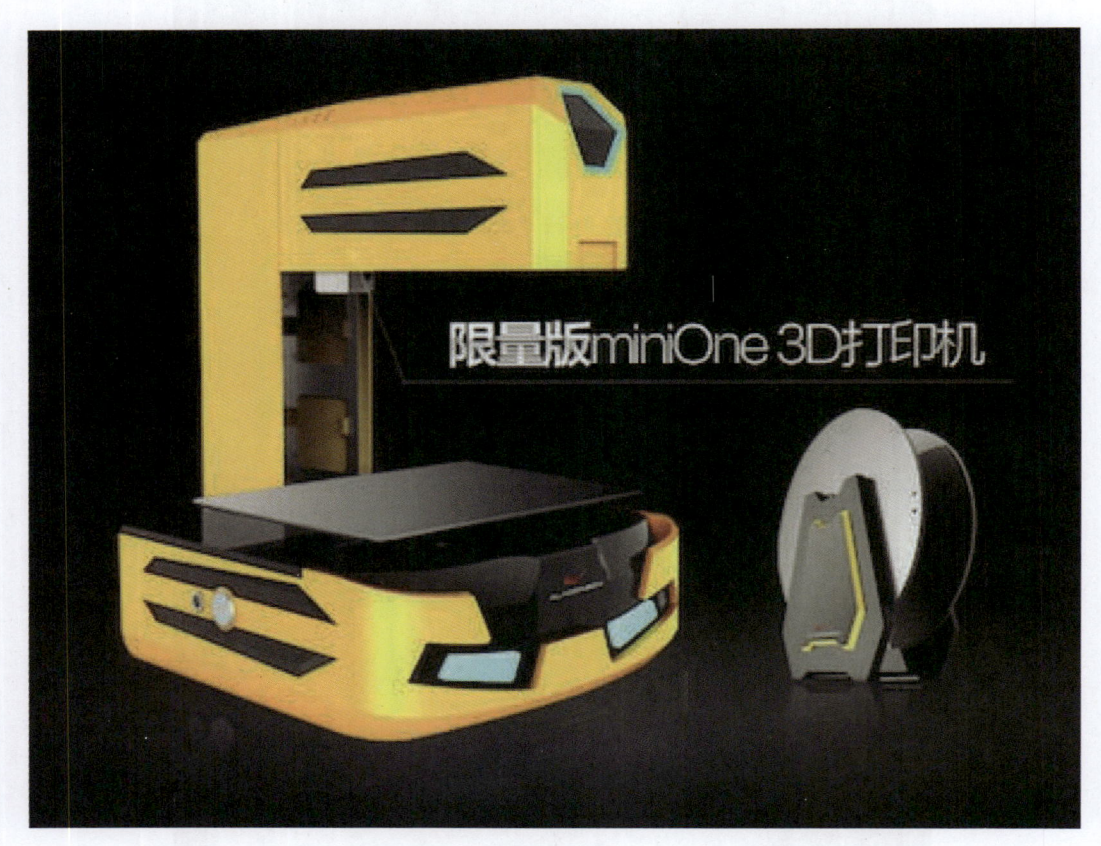

图 6-2-5

如图 6-2-6 所示，每个孩子都希望拥有一个"蓝胖子"陪伴在自己身边，因为他无所不能、可爱至极，因此这款儿童家纺产品在视觉创意上用"蓝胖子"占据主导地位，正是充分利用自身用户人群和动漫形象高度重合的契合点。

图 6-2-6

6.3 做——静态方法

视觉创意的思维方式丰富，但最终目的都是为了达成营销目标。下面将阐述电商视觉创意静态呈现的几种常用方式。

6.3.1 事物拟人化

通常意义上，事物拟人化是将没有生命的事物描写成为具备人物特征的一种渲染手法，在电商领域中应用颇为广泛。让商品介绍具有人物特征，用不同人物特征将原先的商品特点展现出来，这种表达方式能更贴近消费者，进而产生情感共鸣。

商品拟人化介绍通常需要构思者非常熟悉自己的产品，将产品与比拟对象紧密贴合，勾画出贴近消费者心思的场景，打磨人物特征，进而让消费者产生代入感。

如图 6-3-1 所示，一家销售饮料的商家，饮料瓶上的图案设计成男生或女生的头像，眼睛笑眯眯的，嘴巴嘟起来，两个瓶身紧挨着展示，宛如一对热恋的男女。广告语也很创新："闻"过就不会变的味道。想象一下一对恋人嘟起嘴的俏皮场景，是否让消费者的脑海中浮现了同样的温情画面？对于情侣而言，一般都会一次购买两瓶饮料。处于单身状态的人，如果有意中人，也可选购两瓶，一瓶送给对方，如此就避免了表白的尴尬。可以看出，这种创意方式能够刺激消费者一次性购买两瓶而非单瓶，达到提升客单价的目的。

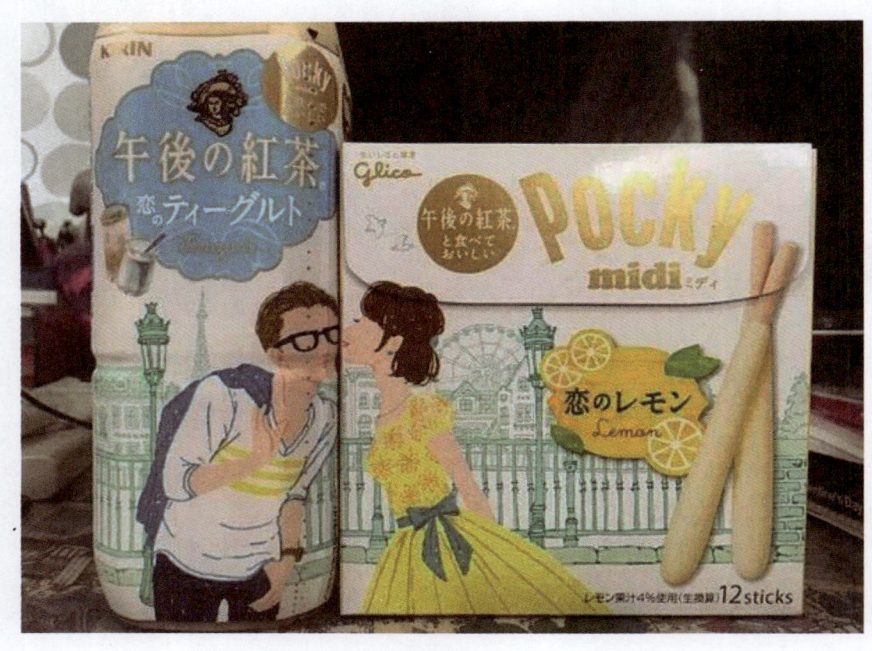

图 6-3-1

6.3.2　热点聚焦化

热点聚焦是指及时地抓住广受关注的热点、新闻事件以及明星效应等，将其与自身产品结合起来进行推广与传播，达到提高关注和转化的目的。

2016 年浙江卫视热播的娱乐节目《奔跑吧兄弟》，受欢迎程度非常高，在社会上也引起了一定反响。很多商家看准了这点，通过紧密结合自身产品，进行热点聚焦，成功捕获了更多消费者的关注。《奔跑吧兄弟》中的撕名牌活动出现的上衣及各种名牌、明星们穿着的衣装鞋帽、配饰等，都被商家充分利用进行热点聚焦，赶上节目播出时，宣传效果大大提升。

热点聚焦化的应用需要及时对热点事件做出响应，具有非常高的实时性。热点事件往往存在时间较短，这就需要构思者有敏锐的眼光及对事件的准确把控。需要提醒的是，热点聚焦可以借势，但要避免涉及国家、政府等敏感政治话题，且注意不要侵犯他人肖像权。如图 6-3-2 所示。

图 6-3-2

6.3.3　场景动漫化

动漫化即是将产品打造成为动漫人物，或将场景缔造为动漫化的场景，并且实现诸多现实无法呈现的效果，多用于儿童产品中。随着动漫游戏的增多，很多成年消费者也逐渐成为动漫化的接受者。

《魔兽世界》这款网络游戏被大多数年轻人所喜爱，里面的人物装扮以及绚丽的场景具有一定的代表性。游戏发烧者闭上眼睛都能想象出游戏人物和相应场景。很多商家及时把握住了这一特点，将男士护肤品与动漫人物完美结合，构造出另类的护肤场景。这种动漫化打造的场景往往更容易让消费者接受并产生内心的共鸣。

场景动漫化的应用虽然可以将消费者迅速带入特定情境，但操作过程中需要注意动漫人物形象及场景的选择。避免暴力、色情以及不适宜的展现方式，尽量选择合适且有时代感的积极动漫人物。如图 6-3-3 所示。

图 6-3-3

6.3.4 情感走心化

情感冲击（走心），顾名思义就是用强烈的情感直击消费者心里，迅速引起情感共鸣。如何把握消费者心理、剖析消费者购买动机则需要商家花费一定的心思。

例如，很多中老年服装商家抱怨销售额难以提高，其中的细分类目——妈妈装，很多商家将目标人群定位为商品的使用者：50 岁左右的妈妈们，但有些商家却另辟蹊径地把购买者定位为适婚年龄段的儿女们。因为 50 岁左右的妈妈并不熟悉网购，甚至从未在网上购买过任何商品。所以，商品的实际购买者——即该商品的客户更多的可能是他们的子女：具有一定经济基础，并且熟悉网购，但他们本身并不实际使用商品。

于是这部分商家将"孝心"作为创意切入点，将该视觉创意在产品页面以及店铺海报上加以呈现，迅速让目标消费者产生了共鸣。如图 6-3-4 所示，详情页的图片勾勒出母女详谈的温馨场景，一句暖心的话语"就算结婚了，家永远是你温暖的依靠"。情感冲击化的运用让消费者情感瞬间爆发，想要为妈妈买下这件衣服，以表孝心。

这种方法的运用需要商家深入剖析购买者的心理，并且深入市场中的细分人群，对于商家的洞察能力有一定要求。而一旦把握住消费者深层次的心理，具有情感化的创意便能水到渠成。

图 6-3-4

若要更好地把握电商视觉创意呈现，就需要具备敏锐的洞察力，对细节的观察力，以及对不同事物进行合理联系，从而进行发散思维的能力。因视觉创意实施本身具有很强的跳跃性、时效性和特殊性，因此本节内容所举案例皆为抛砖引玉，希望对读者有一定启发。

6.4 玩——动态形式

在行业营销手段层出不穷的情况下，电商视觉营销也绝不再单纯以静态图片的形式展示商品，在京东平台中，有多种动态展现形式逐渐被商家所运用。诸如视频、直播、H5、VR……在使用动态展现形式时，商家也更侧重于对消费者思维的引导，从而深入宣传品牌和产品的核心理念，增进商家与消费者之间的了解与信任。

6.4.1 京东平台内动图

动态图（.gif）简称动图，可用于店招、海报、商品详情页与侧边栏中，常见于店招与商品详情页中。通过其动态展现形式，增加代入感、体现差异化，起到吸引客户眼球的作用。

因店招所在位置靠上，尺寸扁平，往往会被客户所忽略，因此商家通常会在店招中加入近期店铺活动、主推商品、关注优惠或满减等信息，并且适当让图片生动起来。通过鲜艳的颜色、闪烁的字体吸引客户关注，从而达到传递更多信息的目的。一般来说，在店招中加入适当的动图元素即可，以免店招过乱或没有视觉重点，适得其反。如图 6-4-1 和图 6-4-2 所示。

图 6-4-1

图 6-4-2

在商品详情页中,使用动图则具有更大的价值。商家可以通过其展现形式,针对商品质量、质感或创意、营销卖点等内容进行详解,让消费者更加快速、生动、全面地了解目标商品,打消购物疑虑,达到促进转化的目的。

如图 6-4-3、图 6-4-4 所示(动态图请扫描二维码)。裤子折叠不起皱,说明用料精良;刷后不起球,说明耐摩擦;柔软程度高,说明穿着体验好。如此一来,消费者心中的疑虑被打消,大大增加了下单的可能性。

图 6-4-3

图 6-4-4

如图 6-4-5 所示（动态图请扫描二维码）商品创意卖点同样可以通过动图的展现形式增强顾客代入感，同时把产品与竞品区分开来。

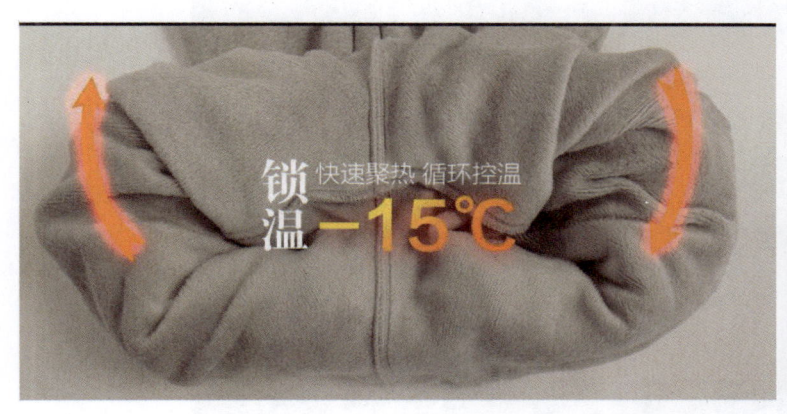

图 6-4-5

在同一商品详情页中不宜使用过多动图，以免顾客产生视觉疲劳，同时也会影响页面打开速度，降低顾客购物体验。商家可根据详情页长短以及展示内容酌情选择使用动图。

6.4.2 京东平台内视频

视频常见于商品主图、详情页中，多被用来体现商品功能、品牌价值和设计理念，增进消费者信任，加深品牌印象，进而激发其购买欲。

对于视频的实际应用效果，商家也各执一词，部分商家反映视频效果显著，但也有部分商家反映视频没有任何成效，反而是在浪费时间和金钱。实际上，在开始制作视频时，就要有明确的方向才能确保达到预期效果。明确视频是要提升自身品牌价值、体现设计理念，还是加深消费者记忆，抑或是展现商品功能的。惟有此方能选择有效的表现方式，侧重不同的展现内容（价值、功能、理念等），还要注意最终要以促进转化和购买决策为目的。

主图视频与详情页视频的最大时长有所不同，主图时长限制在 90 秒内，时长相对较短。因此建议主要用来展示商品或品牌，加深消费者对于商品的了解和对品牌的印象，除此之外不宜展示过多内容，以免信息量拥挤让消费者难以接受。如图 6-4-6 所示。

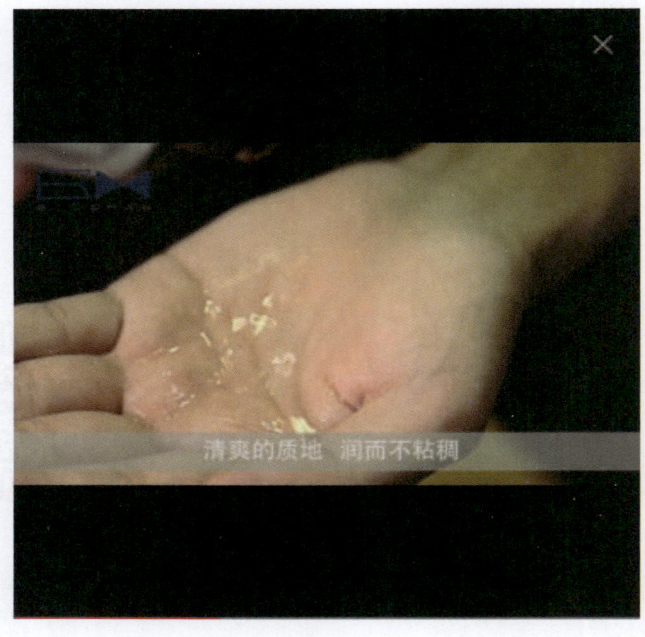

图 6-4-6

  详情页中的视频建议控制在 5 分钟内，适合展示较多内容，如：商品功能、设计理念。如图 6-4-7 所示。

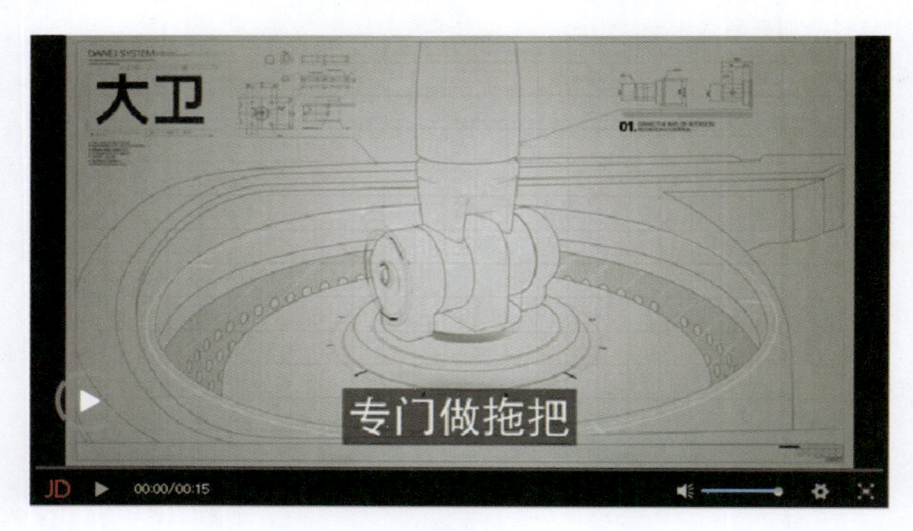

图 6-4-7

  另外，许多商家担忧消费者访问移动端商品页面时，如果是非 Wi-Fi 网络环境会消耗其大量流量，影响购物体验，因此在是否为移动端添加视频这个问题上犹豫不决。其实，移动端视频可设置为不自动播放，此时其耗费的流量与加载一张图片相当，而如果是消费者自己点击播放按钮，商家就无须考虑其购物网络环境。而移动端视频也一样能够帮助消费者快速了解商品与品牌，促进下单转化，因此也应尽量在移动端添加视频。

6.4.3 京东平台内直播

直播可以弥补线上购物时商家无法与消费者实时沟通的缺陷，搭建出一个"面对面"的交流平台，根据消费者需求实时展示商品，同时还能够增进与消费者的互动，从而促进下单转化。如图6-4-8所示为PC端京东直播平台。

图 6-4-8

许多商家会与明星或网红合作，让其在直播室与观众聊天，利用个人号召力或明星效应推广产品，以此达到增加粉丝黏性、提升品牌知名度、增加店铺销售额或打造爆款/推介新品等目的。

但并非只要直播就会带来效果与收益，如果直播之前没有进行策划，选错明星或网红，都有可能会无法达到预期效果，甚至带来反作用。例如出售女性生理用品的商家，选择男主播明显就是不合适的，在推广产品时无法现身说法，不能给消费者以信任，还会造成尴尬局面。再如出售男性服饰或饰品的商家，却不宜选择男性主播，实际测试结果显示，女性主播的效果要比男性主播好（知名男明星除外），原因很简单，同性相斥，嫉妒心不止女性会有。但游戏主播则例外，通常游戏主播以技术为主，在网络中游戏技术超高的玩家会被称为"大神"。在游戏的二次元世界里"大神"效应与明星效应是相同的。

综上，在选择主播的时候要根据自身产品属性与人群定位，选择匹配的主播才能保证直播效果，从而达到既定销售目的。

此外，直播除了卖货还可用于事件营销，提升品牌知名度。如杜蕾斯全程直播"百人试套"，虽然这次直播有观众吐槽"一个小时搬床，半个小时采访，半个小时体操，半个小时吃水果，另外半个小时迷之沉默，最后放了一个空气炮"。但不可否认的是这件事在网络中广泛流传，杜蕾斯宣传新品的目的也达到了。所以如果需要制造事件营销来进行品牌/新品宣传时，不妨试一下直播的方式，也可能会有意想不到的效果。

6.4.4 电商平台内 H5 页面

要了解 H5 页面，首先需要说明的是 HTML5，它是 HTML 的第五代标准，可以同时兼容 PC 端和移动端、iOS 端及 Android 端，并可轻易地移植到各种不同的开放平台、应用平台上，打破各自为政的局面。

而在京东平台，H5 页面通常意义上是指基于 HTML5 标准的一个看起来很酷炫的移动端解决方案，其包含了诸如页面素材预加载技术、音乐加载播放技术、可滑动的页面、动态的文字和图片、表单等技术的集合，通俗地可以认为是微信朋友圈最常见可分享的动态页面集合。

京东平台专门打造了生成 H5 页面的工具——"蜜享"，商家运用这一工具制作出来的页面在微信获得了广泛传播，通常被用于活动推广或品牌宣传。如图 6-4-9 ～图 6-4-11 所示。

图 6-4-9

图 6-4-10　　　　　　　　　　　　图 6-4-11

H5 页面常见的内容有简单图文、贺卡/礼物/邀请函、测试/问答/评分、游戏、故事等，制作时需紧跟热点和热门话题，做好细节与整体风格的统一性。而且可针对不同的内容加入不同的音乐来凸显主题，从而吸引消费者关注，进而使其点击进入店铺当中，达到既定的传播目的。

6.4.5　京东 VR 购物应用介绍

提到 VR 大多数人的第一反应便是 VR 眼镜——通过佩戴眼镜让人在三维环境中产生沉浸的感觉，很多年轻人都喜欢用它来看电影。

VR 虚拟现实技术，是一种可以模拟环境，让用户沉浸到由多源信息融合交互带来的三维动态视景当中，并且能让人们在其中进行实体行为的技术。其最初只存在于科幻电影、小说和人们的幻想之中。进入 21 世纪以来，在许多年轻人都觉得此生恐怕无缘的时候，它却悄然出现在生活中，由此也足见科技发展之飞速。

当前 VR 技术也被逐渐应用于电商购物当中，即在线上购物时可以直接享受到线下逛街的真实感觉。京东于 2016 年 4 月成立京东 VR/AR 实验室，同年 9 月在北京举办了 VR/AR 战略发布会，宣布联合英特尔、HTC、英伟达、暴风魔镜等 30 多家企业成立 VR/AR 产业联盟，并且推出 VR 购物应用 "VR 购物星系"。用户戴上 VR 头盔就可以体验线下购物的感觉，通过 VR 控制器拿起商品进行查看，包括产品内部结构、功能特性等。

京东平台视觉营销

与此同时，京东 VR/AR 技术实验室也正在测试将其用于仓储物流中，此前京东与英特尔合作利用实感技术对商品进行三围识别测量，解决了不同尺寸包裹数据采集的问题，让仓储人员可以通过这项技术更便捷地了解仓储规划。

本章呈现了视觉设计的"灵魂"——视觉创意，及其基本构思路径。

从对产品的深刻理解开始，介绍了创意灵感获取的线上、线下多种渠道，进而发掘消费者的消费路径、需求和痛点，以及对设计和营销界的优秀案例的分析，通过"静态""动态"等九种新颖的创意玩法介绍，为商家呈现了视觉创意的整个流程，相信在了解这些新的玩法后，定能给商家店铺运营、品牌差异化打造带来新的思路和方向。

京东

第 7 章
用户体验至上

7.1 UED及视觉表现原理

7.1.1 什么是UED

UED，全称为User Experience Design，从字面上理解即用户体验设计。它是以用户为中心，以用户需求为目标而进行的设计。在设计过程中，用户体验的概念从项目的最早期就进入并贯穿始终。

UED包含了交互设计、视觉设计、用户体验设计、用户界面设计和前端开发等。广义上来讲，电商运营的过程也贯穿了以上所有环节，即从产品需求分析、交互流程设计、界面设计，乃至产品的销售过程都会涉及UED。

视觉设计作为用户体验设计中不可割裂的一部分，在本书前6章以营销为主线做了重点讲述，但不管是在电商消费者心理和品牌营销理念部分，还是店铺视觉VI体系的建立环节，抑或是商品和活动促销的视觉设计章节，都不可避免地涉及了用户体验设计的知识，更值得一提的是在电商视觉创意部分，视觉创意的新玩法更是与用户体验息息相关，因此本章就用户体验设计（UED）为读者做出进一步讲述，以期为读者呈现如何在视觉设计中更好地贯彻"用户体验至上"这一理念。

7.1.2 视觉表现原理

视觉设计在传播过程中，其首先要能够有效地传达信息，即信息要能够被注意到，其次是将想要给顾客传达的抽象信息用图形、色彩等视觉化的具象手段呈现出来，在完成信息更有效传达的同时，也让用户有更好的浏览体验，这个原理在前面已多次提到，在此就不做赘述。因此要理解以用户体验为中心的设计，就要首先了解视觉设计从抽象到具象的过程。

在设计工作执行前，设计师往往会在脑子里形成一些零碎的概念和想法，构建成表象画面，而这些概念往往是通过描述形成的画面感，或是一些词汇的联想，往往没有通过更加完善的思考让其更加具体，因此需要通过提炼、逐渐剥离、整合到一个有根据的具象的形态。

提炼。用户的感受和情绪是提炼过程要考虑的重点。如用户的使用场景，包括用户的习惯，用户所处的环境、季节，甚至是用户使用的器材或工具等；再如用户的人群属性，包括年龄层次、性别、消费能力等。此环节能用于分析的信息越多越好。

抽离。通过以上信息的分析，提炼关键词，逐渐清晰主题的相关信息，抽丝剥茧，把原本不相干的信息剥离。此环节越精准、越细分越好。

整合。确定页面的主次关系和优先级，这关乎后期设计过程中的视觉倾向。

通过以上三个步骤，之前从自身和外部得到的所有信息，将从零散、无序的概念或表象画面，整合为具象的形态。

7.2 视觉体验——链接用户

要做到以用户为中心，就需要深刻了解用户需求，7.1 节也提到用户的感受和情绪是设计过程中信息提炼的重点，因此本节将对如何链接用户做详细介绍。

7.2.1 用户心智成熟带来的视觉诉求的升级

过去的用户会为找到 9.9 元包邮的商品而翻遍整个网站，现在的用户会为衣服上印的一句打动人心的文案果断下单；过去的用户天天盼着商家推出 5 折活动，现在的用户更在意买的东西是不是体现了自己的品位；过去的用户买完东西就走了，现在的用户要像朋友一样陪他聊天和互动，倾听他表达的一切诉求。时代变了，消费者也变了，变得更加渴望表达，变得更加想寻求别人的认同。

随着消费的升级，用户的审美品位也得到了长足的进步，视觉体验也需随之升级：从单一强调促销类型的会场视觉演变成态度主张、娱乐化、凸显价值与调性等更重内容主题的视觉体验。作为电商设计师，就需要根据产品定位、运营策略等提炼相符的视觉主题和呈现方式，让用户从中找到身份认同和情感共鸣。

7.2.2 知名品牌如何链接用户：跟着用户需求走

案例：小米还是那个小米吗？从最初小米强调性价比到如今的追求智能生活，米粉经济的升级过程中一直伴随寻找和优化链接用户的途径。

1. 为发烧而生

小米"为发烧而生"，强调"燃"视觉调性配合"超性价比"。"黑科技"爆款牢牢抓住了发烧友、高端种子用户群体并形成口碑，也因此俘获一大批粉丝，而用户也因小米酷、青春的态度和向权威产品的宣战，让自己的身份认同与情感和小米链接起来。如图 7-2-1 和图 7-2-2 所示。

图 7-2-1

图 7-2-2

2. 启用明星为品牌代言

秉承"产品即口碑"的小米在品牌发展前期很少启用代言人，随着用户群体诉求的多样性及近年线下市场手机品牌的重新崛起，让作为互联网品牌代表的小米不得不调整战略，转而也开始请代言人。如图7-2-3所示，从吴秀波、刘诗诗、刘昊然，到后来的梁朝伟、初音未来，再到如今的吴亦凡，小米也在不断迎合着线下用户的喜好。类似传统手机的营销方式，更好地和三线城市用户身份诉求进行链接。

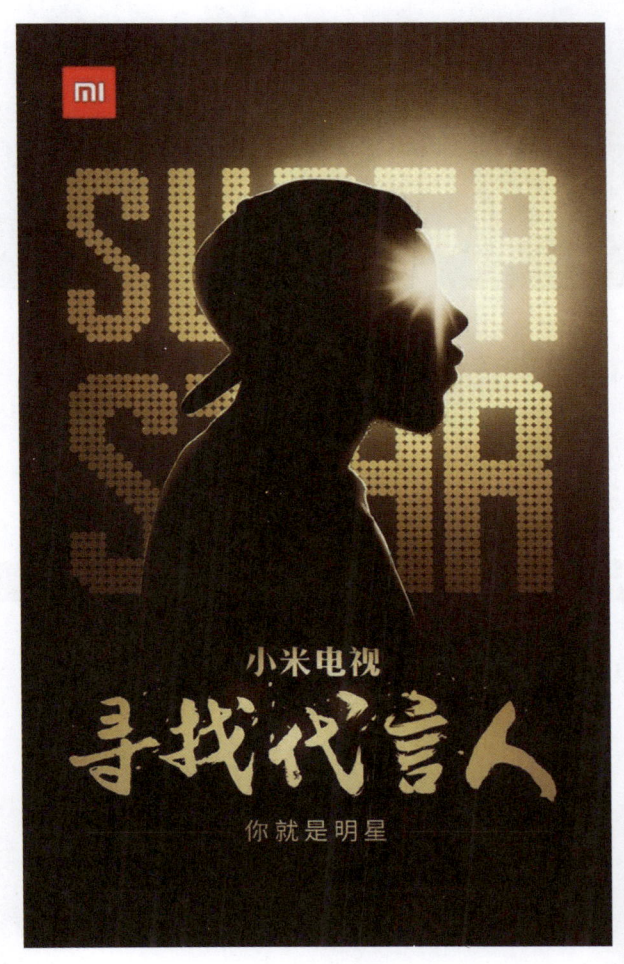

图 7-2-3

3. 小米智能生活：发烧友升级

小米从开始的单一的手机品类，扩展到如今几乎全部的智能3C品类，其用户群体也发生了巨大变化。2016年2月，小米探索实验室挂牌成立，其强调科技、智能、未来，探索"高、新、尖"的黑科技，而这正是发烧友的诉求及品牌战略的升级，相应的视觉体验也随之发生变化，极具未来感的设计让人对未来的智能生活产生了无限向往。如图7-2-4所示。

图 7-2-4

从小米的案例不难看出，品牌升级的过程就是一直在寻找链接用户的过程，而用户的身份并非一成不变，它会随着时代、消费能力、自我认知的变化而产生变化。对于任何一个电商行业从业人员，尤其是设计师而言，寻找到用户并链接其心智，而且能一直寻找链接和优化，是需要重点关注的地方。

7.2.3　链接用户三大路径

在争夺用户的战场上，如何让绚丽的色彩、强烈的笔触、醒目的视觉呈现在用户面前，用最快的方式直指人心，与用户建立起沟通，这一切都离不开以下三个路径。如图 7-2-5 所示。

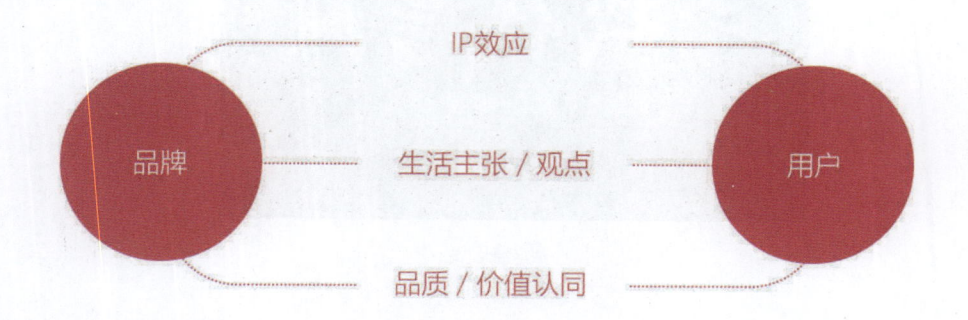

图 7-2-5

1. IP 效应

IP 一词是 Intellectual Property（知识产权）的缩写，IP 效应可以理解为代表知识产权的娱乐内容所引起的粉丝效应。在商业领域和粉丝效应息息相关的粉丝经济，泛指架构在粉丝和被关注者关系之上的经营性创收行为，是一种通过提升用户黏性并以口碑营销形式获取经济利益与社会效益的商业运作模式。

对偶像、明星、电影、小说等 IP 的感情认同最容易引起购物行动，随着消费升级，偶像、电影等 IP 越来越多地出现在电商活动中，而设计师需要做的，就是借由这些 IP 中的感情元素，透过活动页面，构架出可以链接到用户心智中的熟悉场景。

如何熟练运用 IP 设计活动页面，下面将通过案例进行解析。

案例：六一儿童节京东迪士尼活动

2017 年六一儿童节，京东与迪士尼联手打造的"京东迪士尼童梦日"正式上线，同时也预示着 618 年中大促正式开启。如图 7-2-6 所示。

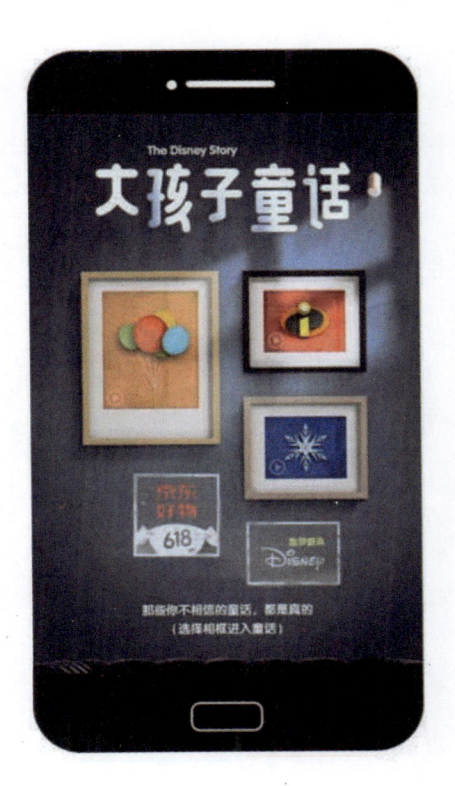

图 7-2-6

背景分析："像个孩子，乐在京东"是本次迪士尼童梦日的主题。围绕这个主题，京东推出了一个名为"大孩子童话"的 H5 页面，结合大家熟悉的三个迪士尼动画故事：《超人总动员》《飞屋环游记》和《冰雪奇缘》，运用精美的剪纸翻转形式以及神反转的结局，营造出一个老少皆宜的节日气氛。

链接路径：首先，H5 采用了还原电影情节的剪纸动画片形式，和消费者的心智也极其吻合，用户被迅速带入情境。其次，通过动画中角色的特性，例如艾莎的"冰雪魔法"和冰箱有共通属性，在视觉上强调冰冷的感觉，让消费者第一时间就理解了设计师所要传达的意思。如图 7-2-7 所示。

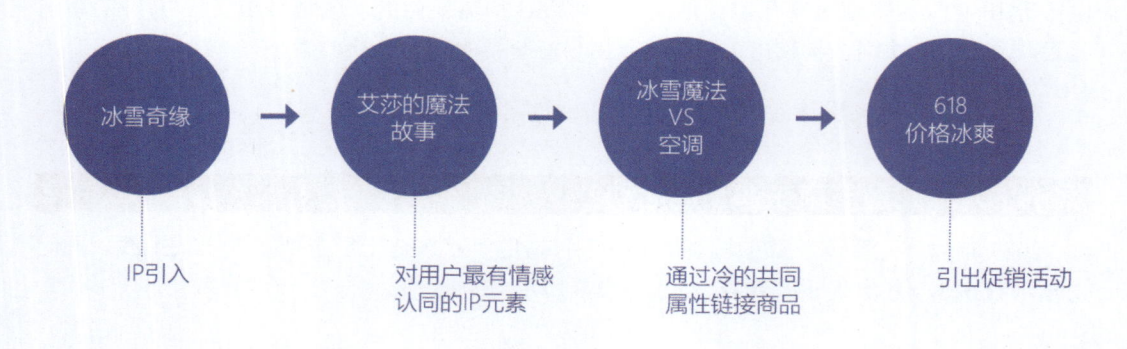

冰雪奇缘 → 艾莎的魔法故事 → 冰雪魔法 VS 空调 → 618 价格冰爽

IP引入　　对用户最有情感认同的IP元素　　通过冷的共同属性链接商品　　引出促销活动

图 7-2-7

合成：通过京东迪士尼童梦日这个项目可以看出，设计师在处理这种 IP 效应的案例时，去寻找 IP 和产品在属性上的链接点，针对这个链接点去构建场景，就可以很快得到用户的认同。如图 7-2-8 所示。

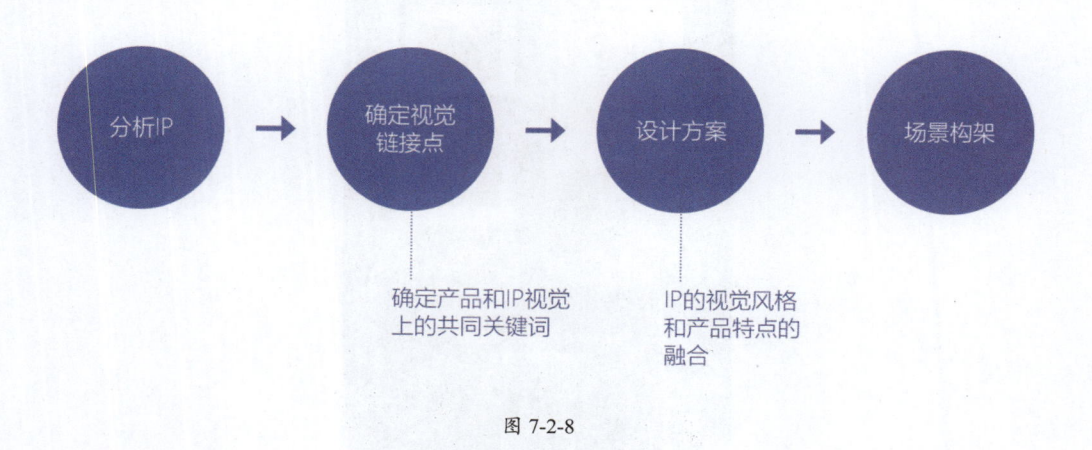

分析IP → 确定视觉链接点 → 设计方案 → 场景构架

确定产品和IP视觉上的共同关键词　　IP的视觉风格和产品特点的融合

图 7-2-8

2. 视觉风格

随着消费者生活方式的多样性发展，对生活的主张也越来越个性。有些人喜欢简单的田园慢生活，有些人热衷激情活力的快节奏生活；有些人喜欢探险和旅行，有些人喜欢二次元……在这样一个消费者对精神有高度需求的时代,如何做出满足特定人群生活主张的视觉风格显得尤为重要。

下面通过案例了解在项目中如何去选择合适的视觉风格,链接到消费者的心智。

案例:斗茶

背景分析:喜欢茶文化的用户群体,普遍拥有较高的收入和丰富的人生阅历,对名利淡泊,喜欢中国禅文化,向往与世无争的田园生活,所以针对这类用户再用传统的堆商品、做促销的形式是很难打动他们的。秉持这种生活主张的用户群体,他们可以被打动的点在哪里呢?不妨从积淀了几千年的茶文化入手,终于搜索到了一种可能性——斗茶。

链接路径:斗茶,饮茶者的竞技场,其历史悠长,始于唐,盛于宋,传承至今,拥有深厚的文化积淀,即便今时今日也有斗茶比赛存在,这恰恰正是这类用户醉心的地方。在项目中引入投票、PK、打榜、吟诗作赋等形式,设计上采用中国武侠风格,把斗茶的江湖气氛展现得淋漓尽致,完美地链接到了饮茶者的心智。如图7-2-9和图7-2-10所示。

武侠风格参考

图 7-2-9

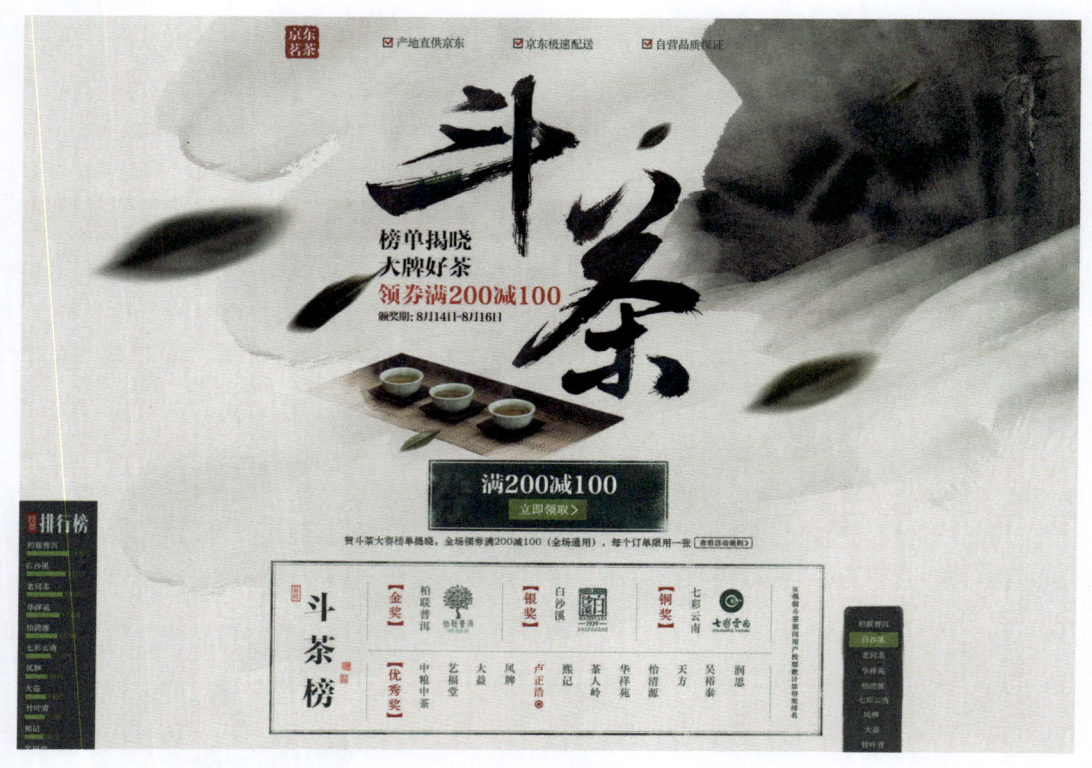

图 7-2-10

合成：通过这个案例可以看出，选择何种视觉风格，需要对人群定位和背景进行深入地了解，才能成功地找到视觉链接点，搭建出符合消费者心智的风格。如图 7-2-11 所示。

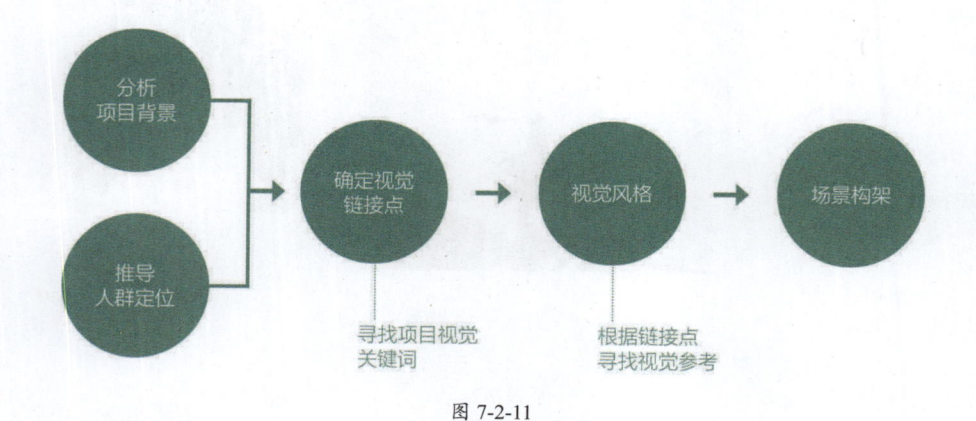

图 7-2-11

3. 品质/价值认同

近几年，消费升级的概念一直受到热捧，但是消费升级不代表提价销售。消费升级是指消费者不仅仅停留在对商品使用结果的需求，而是愿意花费更多的金钱获得商品使用过程中的舒适感、满足感、品质感以及价值认同感。大家是否记得当年 iPhone 手机横空出世，以其简洁的设计、高品质的做工，以及全新的手机使用方式，获得大批消费者的青睐，虽然价格相对较高，但依然流行于世，几乎成为街机。这代表着消费者对商品背后品牌价值理念的认同。

如何驾驭此类设计，同样通过案例进行分析。

案例：Apple/ 苹果

背景分析：苹果公司旗下的产品有很多共同点，追求简洁的设计、高品质的工艺、极致的细节、简化的操作，这些特点也是苹果公司一贯的产品设计理念，这一理念也为其获取了大批的忠实粉丝。

链接路径：如图 7-2-12 所示，iPhone 7 系列商品再次延续了 iPhone 6 系列圆润的舒适手感，在画面的展现上，突出了商品的圆润质感。同时也展现了多款颜色，单双摄像头两个版本的区别。

图 7-2-13 是苹果公司 MacBook Pro 新款笔记本电脑，其特点是新增了 Touch Bar 功能，因此在产品的展现上采用了俯视键盘的角度，能够更直观地看到键盘上方的 Touch Bar 区域，同时配以"一触，即发。"的文案，能够让消费者快速地了解商品的特点。

图 7-2-12

图 7-2-13

合成：简约流行的设计风格，目的就是把视觉设计的重点放在商品本身卖点的体现上，这也是在这个消费者越来越注重品质生活的趋势下，越来越流行的设计方式。如图 7-2-14 所示。

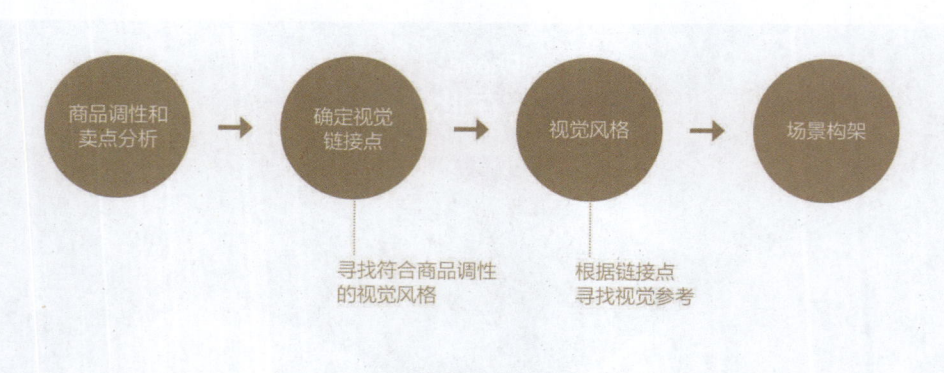

商品调性和卖点分析 → 确定视觉链接点 → 视觉风格 → 场景构架

寻找符合商品调性的视觉风格　　根据链接点寻找视觉参考

图 7-2-14

7.3　视觉表现建立信息层级

对于用户心智的链接，在整个用户体验设计过程中，尚只是停留在抽象的概念阶段，从抽象到具象，将完整的视觉体验呈现给用户也同样重要。

7.3.1 建立信息层级的意义

美国形象大师罗伯特·庞德说过："这是一个两分钟的世界，你只有一分钟展示给人们，另一分钟让他们喜欢你。"在当下快节奏、信息爆炸、时间碎片化的社会里，只有让消费者在最短的时间里，快速获取和理解有用、感兴趣的信息，才有可能让用户喜欢上你。想要达到这一步，就需要对信息进行优先级的区分，建立有效的信息层级，让认知负担最小化，可用性最大化。

如图 7-3-1 和图 7-3-2 所示，展示了相机和人眼看到的内容差异。可以看到人眼读取信息的区域是有限的，浏览页面时一次只能产生一个视觉焦点，视觉焦点也有一定的顺序。当大脑理解没有层级和顺序的信息时，就需要加大用脑量，花更多的时间去理解信息，或漏掉重要信息，甚至觉得过于复杂而放弃浏览。

图 7-3-1

图 7-3-2

因此，通过合理的页面布局和元素组合，建立良好的视觉层级，能让用户在第一时间阅读到有效的信息，且可通过信息层级引导视觉焦点形成一定的浏览路线（即页面视觉动线），以达到设计的运营指标。

7.3.2 如何建立信息层级

1. 项目需求的分析

项目定位决定内容定位，内容定位决定项目形态。因此需要在进行页面视觉设计前，对项目进行详细分析，明确设计的目的，确保视觉设计过程不偏离方向。

（1）找准需求的核心

项目执行前与产品方、运营人员等沟通，了解销售目标、用户人群、使用场景及商品属性。

目标用户：性别、年龄、地域、学历、收入等级、消费习惯、从事行业、商品偏好、行为特征等；

用户场景：场景化思维是一种从用户的实际使用角度出发，将各种场景元素综合起来的一种思维方式，也就是用户在何时、何地、出于何种目的做了何事（人物、时间、地点、目的、任务）；

项目定位：传递的品牌文化、折扣、促销等；

核心目的：品牌升级、品牌推广、提升销售额、拉新、促活等。

核心目的是影响到项目形态中信息层级变化的主要元素。例如大促项目，预热期目的是宣传活动，项目的视觉呈现应该是突出宣扬态度的文字和氛围，高潮期的目的则主打卖货，故主题和利益点的信息层级将优于其他元素。

（2）确定信息优先级

围绕核心目的，根据用户操作逻辑审视页面框架和交互设计，舍弃多余信息，理清信息因果关系并设定优先排序，然后将其分类：

一级信息引发兴趣：核心信息遵循少而精的原则，在设计上重点突出，让用户迅速理解信息并引发继续阅读的兴趣；

二级信息简单了解：用户由于一级信息诱发的阅读兴趣会通过视线扫描进一步了解相关内容，这时展示二级信息能帮助用户在最短时间内理解信息；

三级信息解释说明：一、二级信息已经能让用户了解大概内容，但还可以通过详细信息解释来帮助用户获取更多内容，但这类内容文案会偏多，用户如果能阅读到这里，说明对内容感兴趣，因此无须做太多吸引眼球的氛围渲染，也可避免与主要内容相冲突。

2. 建立信息层级的视觉方法

在视觉设计中，可通过处理信息之间的空间、平面、动静关系将信息层级可视化，从而达到信息的有效传达。具体如下：

（1）空间关系

① 物理空间

在屏幕的二维空间下，通过建立虚拟的 Z 轴来打造空间感，并在 Z 轴的深度上进行分层设计，模拟物理世界中人与物的真实交互模式，帮助用户理解信息层级关系。如图 7-3-3 所示。

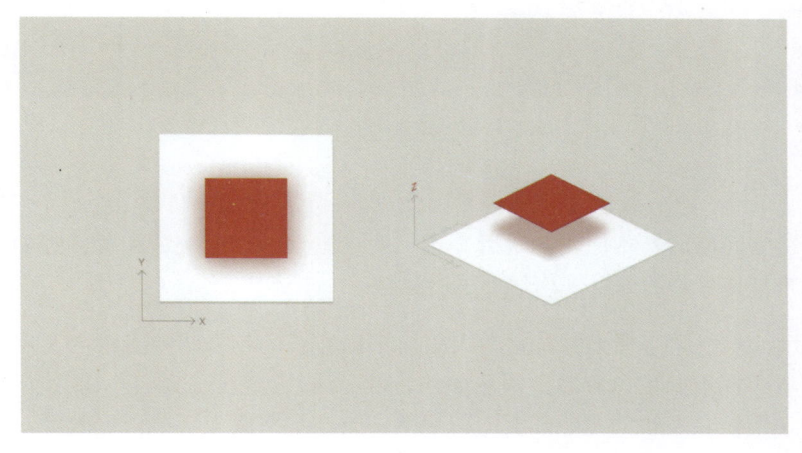

图 7-3-3

利用空间近实远虚的原理，使模糊的氛围背景距离眼睛更远，和前景清晰的文字不在同一个平面上，形成了强烈的对比，文字层更易被感知。如图 7-3-4 所示。

图 7-3-4

添加的投影也是拉开信息层级的常用方法。如图7-3-5中，主标题采用了一定厚度的投影使其与背景有一定距离，营造了空间中的空隙，使其不受复杂的背景图片干扰。

图7-3-5

② 色彩空间

色彩营造空间感的基本原则是暖近冷远、明近暗远、纯近灰远和对比强烈的近，反之则弱，以此来打造色彩的深度，构建信息层级感。

暖近冷远，从视觉心理上看，这与人眼对不同波长的色彩感知有很大关系。即人眼在同一距离观看不同波长的色彩时，暖色如红、橙等波长比较长的色彩，能够在视网膜上形成内侧映像，而波长较短的冷色如蓝、绿色等，则在视网膜上形成外侧映像，最终在人的感觉中，就形成了暖色前进、冷色后退的印象。如图7-3-6所示。

图7-3-6

但在不同背景下，色彩的远近关系会产生不一样的变化：在黑色（较暗）的背景下，较暖的颜色显得离我们更近，较冷的颜色看起来离我们更远，而浅色背景则相反。如图 7-3-7 所示。

图 7-3-7

在其他条件相同的情况下，纯度越高、明度越亮的色彩越具有前进感；纯度越低、明度越低的色彩越具有后退感。如图 7-3-8 所示。

图 7-3-8

通过利用色彩变化，表现空间感的不同技巧组合，来营造页面中更为丰富的层级关系。如图 7-3-9 所示，采用冷暖对比使用户聚焦于暖色区域，同时采用亮度和纯度高的白色作为文字层，使其处于视觉空间的最前方，故用户能在第一时间阅读到主要信息。

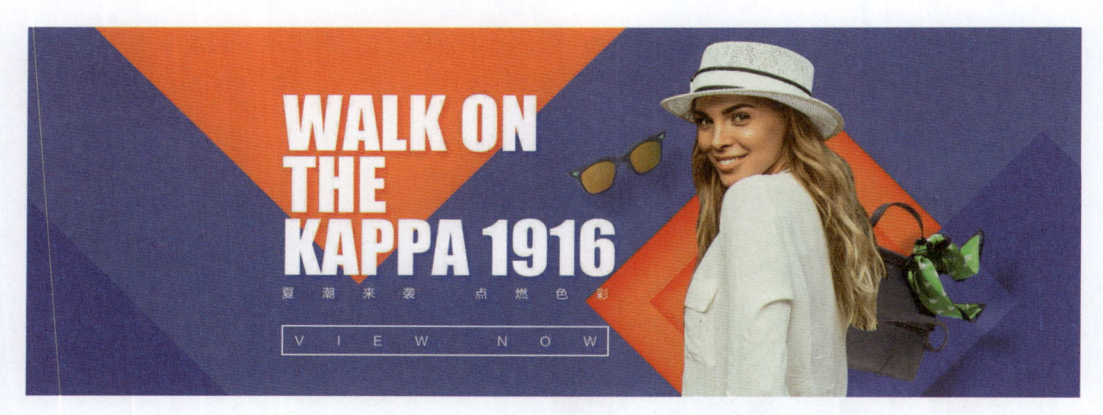

图 7-3-9

（2）平面关系

① 先后顺序关系

大多数用户的阅读习惯是从左到右、从上向下、由内而外的。在这个规律的影响下，同个版面的不同位置即产生了先后顺序，遵循用户习惯，将重要的信息放在页面中左上、中上、上部分，有助于用户更有效地理解信息。正因如此，页面的品牌 Logo、分类导航、首焦等重点信息都会在这个黄金区域内。如图 7-3-10 所示。

图 7-3-10

② 大小关系

根据近大远小原则，控制元素的大小比例，相对大的元素更容易吸引用户注意。当然不是越大越好，过大则容易像背景一样被忽略。

如图 7-3-11 所示，背景中的沙发及前景中的桌面都是大面积的色块，这种大面积的色块，往往会被消费者忽略成背景。桌面上并不大的摄像头反而会吸引到消费者的注意，虽然桌面上还有茶壶，但是相对于摄像头，茶壶视觉上距离消费者更远，形状比较复杂，不会成为视觉第一捕捉目标。

图 7-3-11

③ 内容指引关系

- 指向性图形

利用图形中有导向性的元素（眼神、手势、箭头等）引导用户视点，从而达到视觉层级的主次性。如图 7-3-12 所示，用户在注意到人物的前提下，通过人物视线的巧妙引导，会进一步将用户注意力引导在右侧的重要信息上。

图 7-3-12

- 顺序字符

具有顺序和方向性的字符，也能有效地引导用户视点移动，例如阿拉伯数字、字母、时间等。如图7-3-13中，采用汉字顺序文字将用户视线转为从右往左阅读，在"叁"中，步骤的内容通过图形箭头的指引，也能很好地引导用户按照一定顺序阅读内容。

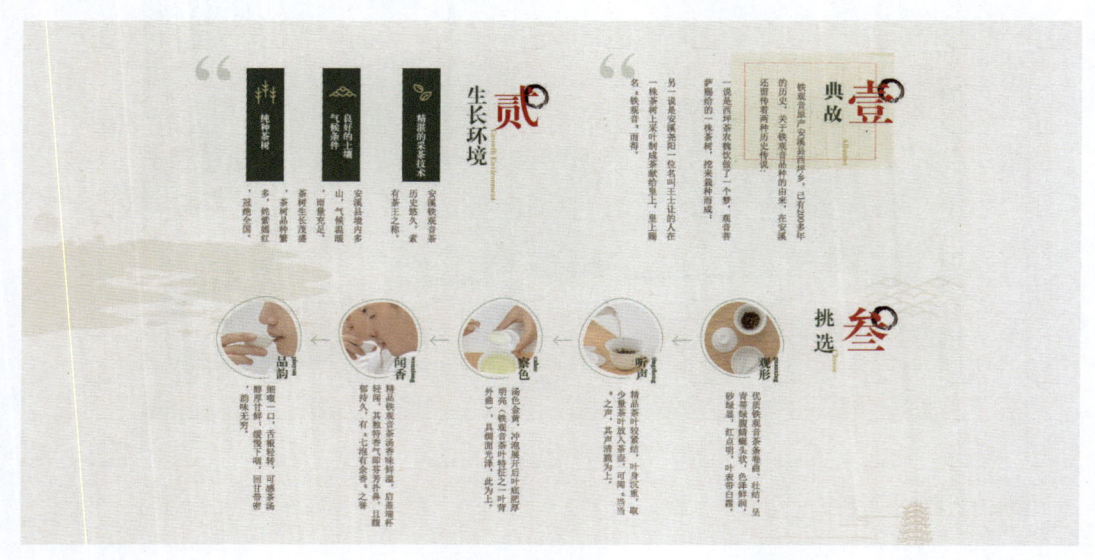

图7-3-13

（3）动静对比关系

通过控制动静的对比，突出重点信息。在静态页面中有一个小元素在动，动静形成强烈对比，故此时动态的元素尤为突出。例如弹窗的应用可以让用户很好地聚焦在弹窗信息上。相反，在大面积动的元素中，不动的元素就是焦点。

在实际视觉设计应用中，通常使用多种方法结合，以达到更好的信息层级可视化。在图7-3-14中，画面为了突出主题，设定中间区域为焦点，模拟人眼看到的画面，相对的其他区域逐渐虚化。采用近大远小的物理空间关系进一步加强了整体画面的空间感，使画面在Z轴上层级更加清晰明了。在暗色背景中，主体区域采用了玫瑰金和象牙白色使其处于层级的最高层。主标题与副标题采用了大小对比的形式展示主次关系。以上多种方法都是通过加强各元素的对比关系，从而达到突出主次层级的目的。

图 7-3-14

7.4 视觉表现执行方法

视觉表现并非无章可循，本节将通过案例浅析常见方法。

常见的方法有：现实派（还原现实特征用于商用设计）、重组法（营造内容独特性）、突出法（强调重点内容）。

7.4.1 现实派

1. 什么叫现实派

现实派，即通过还原页面视觉来贴合现实世界场景。我们常说的合成就是通过实景素材的拼贴，加之透视关系、阴影的处理等，让页面还原真实场景。

比如在实体店消费后收到的收据会有一条由撕裂产生的锯齿，而在线上购物付款后出现的收据页面，也同样模拟了真实收据的锯齿形状这一特征。如图 7-4-1 所示为设计的收据，如图 7-4-2 所示为生活中的收据。

图 7-4-1　　　　　　图 7-4-2

京东平台视觉营销

如电影院电影开始放映时，关灯后周围变暗，是为了将我们的视觉聚焦到有光的大屏幕上。而在线视频上下或左右的黑色区域则是模拟真实的电影院观影环境。如图 7-4-3 所示为视频平台，如图 7-4-4 所示为电影院场景。

图 7-4-3

图 7-4-4

日本平面设计师色部义昭的作品——市原湖畔美术馆的 Logo（见 7-4-5），也是通过对生活中的场景特征提取，应用到项目中。这个富有节奏感的图形，灵感来源于美术馆旁边那一片湖水（见图 7-4-6），将散点似的波光粼粼模拟为小小的一块矩形，形成一片类似于湖水流淌涟漪不断的形象。

图 7-4-5

图 7-4-6

2. 电商案例使用解析

"现实派"方法在电商视觉营销中，同样能给用户带来更多现实的视觉感受。

实体商场精心装修的店铺，包括外面的橱窗、店内的灯光、商品摆放等（见图 7-4-7），从这些现实环境上可提取出商场的风格特征：多样性、展柜、摆放方式等。

图 7-4-7

如图 7-4-8 所示为 618 大促图书专场，需要模拟商场的场景、摆放方式，并展现出品类的多样性，同时给用户一种在商场挑选商品的感受，进而营造品类会场的购物氛围。图中以 "618" 数字的轮廓为基础，用各品类相关的商品和数字 "618" 重组为一个类似现实生活中的店铺，展柜摆放的多样商品很好地表达出网购商品的丰富多样，设计也更加贴合现实世界的场景，让用户更容易接受。

图 7-4-8

7.4.2 重组法

1. 什么是重组法

重组即为把不同的元素组合起来，重组成新的形象。把某个想要的物品特征或感受，潜移默化地加到产品上或者画面中去，传达给用户。

如图 7-4-9 ～图 7-4-11 所示为旅行箱广告，用不同的元素（厨房用具、生活用品）组合起来成为产品的外形。

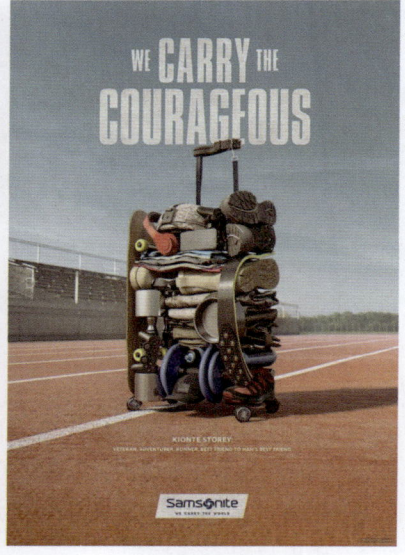

图 7-4-9　　　　　　　　　　　图 7-4-10

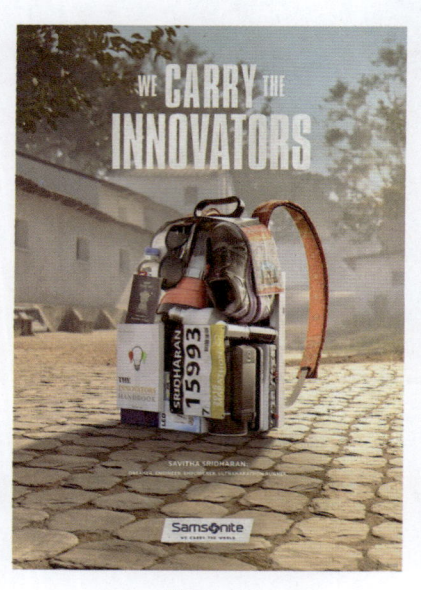

图 7-4-11

现实生活中常见的饮料类广告，通常要表达出"新鲜现摘"的特征。往往是通过真实的水果特征和产品的外形结合，从而给用户一种"饮料新鲜现摘"的感觉。如图 7-4-12～图 7-4-14 所示。

图 7-4-12　　　　　　　　　　图 7-4-13

图 7-4-14

2. 电商案例使用解析

"重组法"在电商视觉营销中，适合用于需表达出产品的独特性、主题性的项目。如京东"11.11嘉年华"项目中需要有现实生活中逛街的氛围及缤纷狂欢的感觉，要融入每个品类的属性，并打造每个类目不同的主题，赋予各自不同的气质和外观。

239

京东平台视觉营销

　　如图 7-4-15 所示，从游乐场或迪士尼乐园分析入手，会发现它们都会有很多单独的游玩点，而每个单独的主题由相关的元素重组到一起变成一个小型娱乐建筑，最终组合在一起变成一个大型游乐园，并有着各自的特色。据此可以提取到的风格特征包括：元素重组、独特、地图、主题。

图 7-4-15

　　如图 7-4-16～图 7-4-18 所示，通过对每个单独的品类进行主题性包装，将各自具有代表性的商品和元素重组在一起，再对每个主题重组形成一个虚拟的街道，通过鼠标的滑动，街道也会随之向前推动，带给用户在现实生活中逛街的体验，一个商铺接着一个商铺的出现。

第7章 用户体验至上

图 7-4-16

京东平台视觉营销

图 7-4-17

图 7-4-18

图 7-4-18（续）

7.4.3 冲突法

1. 什么叫冲突法

在设计中经常会用不同大小、不同形状、不同色彩来制造页面动感和差异化，而这些即为冲突法。冲突不是突兀，所以要注意它们在页面中的融洽度，不能影响信息的内容。

常见的冲突有大小冲突、形状冲突、色彩冲突、力量冲突。如图 7-4-19 所示。

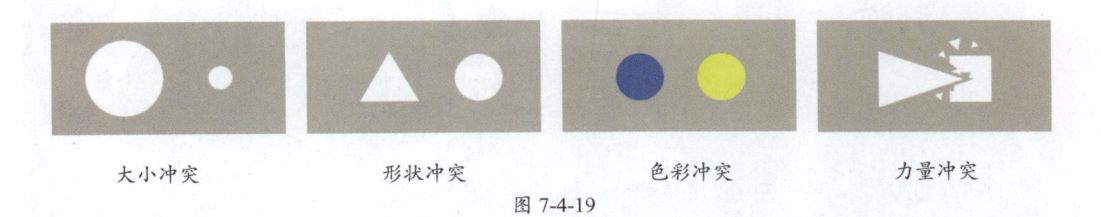

大小冲突　　形状冲突　　色彩冲突　　力量冲突

图 7-4-19

如图 7-4-20 所示，就是使用大小冲突造成耐克鞋和人物的巨大反差，制造了两者之间的冲突，使画面视觉冲击力更强、更具张力。

图 7-4-20

如图 7-4-21 所示，画面破裂及石头飞出的效果打破了画面的平静，让画面更具有力量感。

图 7-4-21

第7章 用户体验至上

2. 电商案例使用解析

"冲突法"在电商视觉营销中适用于画面视觉需要表达出反差、强烈对比和制造力量速度感的设计风格。如下面案例中京东618大促站外攻略H5项目中，需要画面视觉表现缤纷多彩，有对比、有反差。

在生活中经常会看到各种颜色的油漆，它们同时出现时，眼前的景象立刻会变得多彩纷呈，如图7-4-22所示。不同的色彩也制造出了色彩的冲突，从中可提取到其风格特征包括：对立关系、突出内容、占比。

图 7-4-22

如图7-4-23～图7-4-28中，2017年京东618站外攻略H5，运用色彩冲突，在不同颜色之间的切换、融合制造出冲突感，不仅使画面缤纷多彩，突出重要元素，也让画面更加有力量和张力。H5页面可扫描图7-4-29的二维码欣赏。

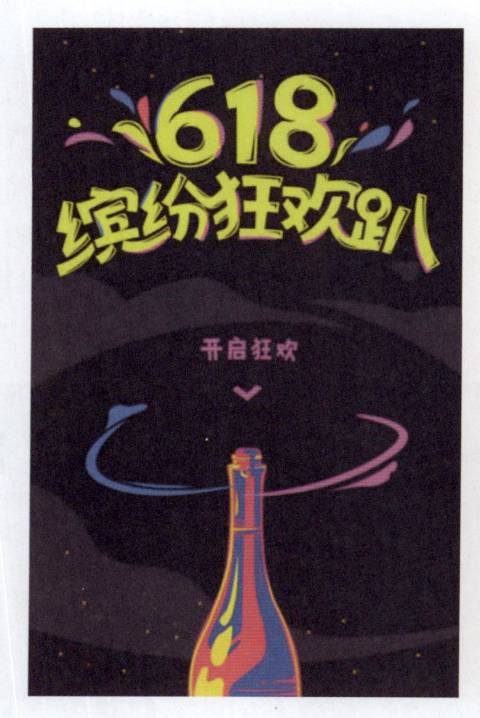

图 7-4-23

图 7-4-24

图 7-4-25

图 7-4-26

第7章　用户体验至上

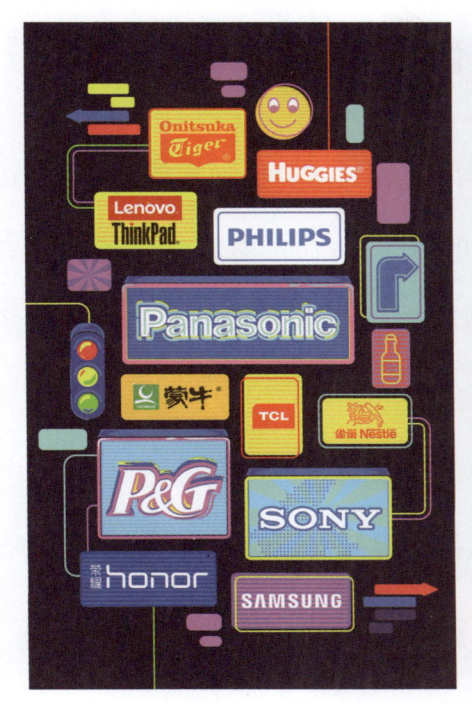

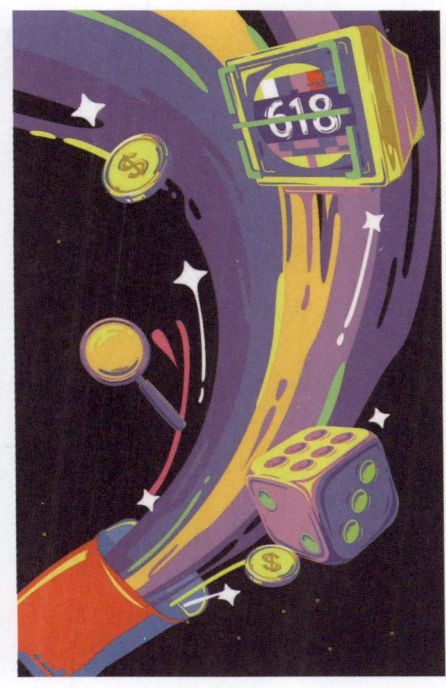

图 7-4-27　　　　　　　　　　　　　　　　图 7-4-28

扫码立即欣赏

图 7-4-29

反侵权盗版声明

电子工业出版社依法对本作品享有专有出版权。任何未经权利人书面许可，复制、销售或通过信息网络传播本作品的行为；歪曲、篡改、剽窃本作品的行为，均违反《中华人民共和国著作权法》，其行为人应承担相应的民事责任和行政责任，构成犯罪的，将被依法追究刑事责任。

为了维护市场秩序，保护权利人的合法权益，我社将依法查处和打击侵权盗版的单位和个人。欢迎社会各界人士积极举报侵权盗版行为，本社将奖励举报有功人员，并保证举报人的信息不被泄露。

举报电话：（010）88254396；（010）88258888

传　　真：（010）88254397

E-mail: dbqq@phei.com.cn

通信地址：北京市万寿路173信箱　电子工业出版社总编办公室

邮　　编：100036